MIX
Papier aus verantwortungsvollen Quellen
Paper from responsible sources
FSC® C105338
FSC
www.fsc.org

Yafei Pan

Fachsprache für das Architekturstudium

Sprachbedarfsanalyse als Grundlage für einen fachsprachlichen Kurs für ausländische Architektur-studierende an der TU Berlin

Bachelor + Master Publishing

Pan, Yafei: Fachsprache für das Architekturstudium: Sprachbedarfsanalyse als Grundlage für einen fachsprachlichen Kurs für ausländische Architekturstudierende an der TU Berlin, Hamburg, Bachelor + Master Publishing 2013
Originaltitel der Abschlussarbeit: Sprachbedarfsanalyse als Grundlage für einen fachsprachlichen Kurs für ausländische Architekturstudierende an der TU Berlin

Buch-ISBN: 978-3-95549-078-2
PDF-eBook-ISBN: 978-3-95549-578-7
Druck/Herstellung: Bachelor + Master Publishing, Hamburg, 2013
Zugl. Technische Universität Berlin, Berlin, Deutschland, Masterarbeit, August 2012

Bibliografische Information der Deutschen Nationalbibliothek:
Die Deutsche Nationalbibliothek verzeichnet diese Publikation in der Deutschen Nationalbibliografie; detaillierte bibliografische Daten sind im Internet über http://dnb.d-nb.de abrufbar.

Hermannstal 119k, 22119 Hamburg
http://www.diplomica-verlag.de, Hamburg 2013
Printed in Germany

Inhaltverzeichnis

Einleitung

Auf dem internationalen Bildungsmarkt hat sich Deutschland als attraktiver Studien- und Forschungsstandort etabliert. Aber nicht jeder ausländische Studienanfänger erwirbt am Ende des Studiums einen akademischen Titel. Die Beherrschung der Sprache als Kommunikationsmedium stellt für ausländische Studierende im Gegensatz zu Muttersprachlern ein erhebliches und mitunter unüberwindbares Hindernis auf dem Weg zum Studienabschluss dar. Es ist bekannt, dass ausländische Studierende bei der Gestaltung ihres Studiums mehr Hürden überwinden müssen als die deutschen Studierenden. Da die Lebens- und Studienbedingungen ausländischer Studierender in Deutschland im Umfang einer Masterarbeit nicht vollständig dargestellt werden können, wird der Schwerpunkt der vorliegenden Untersuchung auf die kommunikativen Anforderungen und die auftauchenden sprachlichen Schwierigkeiten der ausländischen Studierenden im Rahmen ihres Studiums gelegt.

Angesichts des geringen Studienerfolgs der ausländischen Studierenden kommt der Kompetenz für Deutsch als Fremdsprache für ein Studium in Deutschland und die fachsprachliche Vorbereitung für das Studium an einer deutschen Hochschule eine große Bedeutung zu. Das alltägliche Deutsch reicht in den obengenannten akademischen Situationen oft nicht aus. Das Fachsprachlernen ist deshalb für den Studienerfolg von ausländischen Studierenden unerlässlich.

Die Architektur in Deutschland ist in der Welt berühmt für ihre gute Qualität und ihr hohes technisches und gestalterisches Niveau. Als einer der wichtigsten Fachbereiche in Deutschland zieht das Architekturstudium jedes Jahr ca. 3,000 ausländische Studenten nach Deutschland[1]. Bis zum Wintersemester 2010/11 betrug die Gesamtzahl der Architekturstudenten in Deutschland 31,235, davon sind 5,669 Studenten aus dem

1 Nach der Datenerhebung des DAAD und HIS (Institut für Hochschulforschung), haben sich 3,196 ausländische Studenten im Jahr 2010 für die Fachrichtung Architektur und Innenarchitektur an einer deutschen Universität oder FH entschieden, im Jahr 2009 war die Zahl 3,131, im Jahr 2008: 2,988, im Jahr 2007: 3,087; siehe URL: http://www.wissenschaftweltoffen.de/daten/ (Zugriff am 12.05.2012)

Ausland, was 18,1% aller Architekturstudenten ausmacht[2]. Diese ausländischen Studierenden brauchen dringend fachsprachliche Unterstützung im Studium. Trotz der langen Tradition der Fachsprachforschung in Deutschland und vieler Forschungsergebnisse zur Fachsprache in den Bereichen Medizin, Wirtschaft und Jura gibt es immer noch sehr wenige veröffentliche Forschungsergebnisse über die Fachsprache im Bereich Architektur. Architektur ist auch eine der wichtigsten Fachrichtungen der TU Berlin. Damit die ausländischen Architekturstudenten mit ihrem Studium zurechtkommen, bietet die Zems der TU Berlin seit 2009 einen studienbegleitenden Fachsprachkurs (Arbeit mit Fachtexten) für die Bereiche Architektur und Planungswissenschaft an. Das Ziel meiner Arbeit ist es, herauszufinden, inwieweit die Lernziele und -inhalte dieses Kurses adäquat sind und wo es Veränderungsbedarf gibt. Dazu habe ich eine kleine Untersuchung unter den ausländischen Architekturstudierenden, die bereits an dem Kurs teilgenommen haben, durchgeführt. Die Untersuchung soll einen Beitrag zur Qualitätssicherung des Fachprachenunterrichts Architektur leisten.

In der vorliegenden Arbeit wird zuerst der Ausgangspunkt der Untersuchung erläutert bzw. ich werde mich näher damit auseinandersetzen, warum ich den akademischen Sprachbedarf im Architekturbereich als Forschungsgegenstand gewählt habe. Dazu wird zuerst konkreter über die allgemeine Situationen der ausländischen Studierenden in Deutschland berichtet, besonders über die Unerlässlichkeit des Fachsprachenlernens für ein erfolgreiches Studium, danach kommt der Forschungsstand der Fachsprache Architektur in Deutschland und weltweit, der bisher wenige Ergebnisse zeigt. Der Bedarf an Fachsprachenausbildung und die wenigen Forschungsergebnisse über die Fachsprachendidaktik haben die Durchführung dieser Sprachbedarfsanalyse veranlasst. Deswegen wird der Begriff im Anschluss konkret auseinandergesetzt und damit die theoretische Grundlage für die vorliegende Arbeit gelegt. Nach einer theoretischen Einführung in das Thema *Sprachbedarfanalyse* werden im zweiten Kapitel die For-

2 Laut Statistisches Bundesamt: https://www-genesis.destatis.de/genesis/online/data;jsessionid=A43537748C8661EE75E794486F9694D2.tomcat_GO_1_1?levelindex=3&levelid=1330948432525&downloadname=21311-0003&operation=ergebnistabelleDiagramm&option=diagramm (Zugriff am 05.03.2012).

schungsmethoden, die Forschungsleitfragen sowie die empirische Vorgehensweise expliziert.

Die Forschungsergebnisse werden grundsätzlich aus zwei Pespektiven dargestellt. Eine ist von die des objektiven Sprachbedarfs bzw. der institutionellen Rahmenbedingungen und Hintergründe des Studiums sowie der sprachlichen Anforderungen im zukunftigen Beruf, die andere ist die der subjektiven Sprachbedürfnisse bzw. der individuellen Sprachlern- und Sprachanwendungserfahrungen der Architekturstudierenden und der individuellen Verbesserungswünsche an der Zielsprache.

Unter Berücksichtigung der Konsenquenzen erfolgt im vierten Kapitel die Analyse der Konzeption des studienvorbereitenden Fachsprachkurses für Architektur an der TU Berlin. Es wird untersucht, ob er ausreichend bedarfsorientiert ist. Danach werden seine Hauptschwierigkeiten dargestellt. Im letzten Teil kommen einige didaktische Vorschläge für den Fachsprachenkurs Architektur in der Hochschule.

1. Akademischer Sprachbedarf als Gegenstand der Forschung

1.1 Die ausländischen Studenten in Deutschland und ihre Sprachverwendung

Seit 1998 steigt die Zahl ausländischer Studienanfänger in Deutschland stetig. Nur im WS 2006 verringerte sie sich etwas, danach erhöhte sie sich wieder.[3] „Bis zum WS 2010/11 betrug die Gesamtzahl der ausländischen Studenten in Deutschland 2,5 Millionen, was rund 12 Prozent aller Studierenden in Deutschland ausmacht. Damit belegt Deutschland hinter den Vereinigten Staaten und Großbritannien weltweit einen führenden Platz." (Isserstedt & Kandulla, 2010, S. 4)

Insbesondere junge Menschen aus Entwicklungs- und Schwellenländern sowie aus den osteuropäischen Ländern sind an einem Studium in Deutschland interessiert. Mehrheitlich kommen Bildungsausländer mit Studienerfahrungen nach Deutschland (72 %). Rund die Hälfte der ausländischen Studenten gab an, bereits ein Studium im Heimatland oder in einem dritten Land abgeschlossen zu haben (ebd. S. 29). Das bedeutet, sie haben schon in gewissem Maße bestimmte Lerngewohnheiten oder Lerntraditionen in ihrem Heimatland angenommen. Die Lehr- und Lernformen in Deutschland, die die Studierenden fordert, viel zu diskutieren, zu argumentieren und Standpunkte zu vertreten, sind für sie völlig neu. Z.B. herrschen bis heute in der chinesischen Ausbildung der lehrer- und lehrbuchzentrierte Frontalunterricht vor, wobei Unterrichtsdiskussion bzw. eine kommunikativen Atmosphäre im Unterricht eher die Ausnahme sind. (vgl. Zhao 2002, S.166).

Für die Zulassung zum Studium in Deutschland müssen die ausländischen Studienbewerber einen Nachweis über ausreichende Kenntnisse der deutschen Sprache vorlegen. „Im Jahr 2009 brachte mehr als die Hälfte (53%) der Bildungsausländer Kenntnisse der deutschen Sprache aus dem Heimatland mit, gut ein Fünftel (22 %) erklärte, die Sprache

3 Nach der Datenerhebung von Statistische Bundesamt bis WS 2010/2011 gibt es 252032 ausländische Studierenden in einer deutsche Uni oder Hochschule beantragen https://www-genesis.destatis.de/genesis/online;jsessionid=FB38F8D678FC845682EC167E9FE92B7F.tomcat_GO_2_2?operation=previous&levelindex=4&levelid=1331132041916&step=4 (Zugriff am 07.03.2012)

erst in Deutschland gelernt zu haben und 17 % lernten Deutsch vor der Studienaufnahme sowohl im Heimatland als auch in Deutschland und nur 5% von ihnen haben in Deutschland ein Studium aufgenommen, ohne vorher die deutsche Sprache gelernt zu haben." (Isserstedt & Kandulla, 2010, S. 31) Aber viele ausländische Studenten klagen darüber, dass sie trotz des Bestehens der Sprachprüfung für den Hochschulzugang (DSH, Test-DaF oder andere äquivalente Prüfungen) dem Studium immer noch nicht folgen können. „Die Prüfungsziele der DSH sind in erster Linie determiniert durch die sprachlichen Anforderungen eines Studium in Deutschland. Dabei geht es allerdings nicht um die studienfachspezifische Sprachkenntnisse (z.B. Fachterminologie) [...] Die DSH ist zwar die Eintrittskarte zur deutschen Hochschule, doch die Auseinandersetzung mit der deutschen Sprache und der Ausbau der Teilkompetenzen, die in der DSH gepruft werden, ziehen sich durch das ganze Studium.„ (Schneider, 2009, S. 50)

> „Das entscheidende Problem ist damit, dass das Bestehen des Tests wenig oder gar nichts aussagt über die Fähigkeit der Kandidaten, in realen Situationen. Sprachliche Defizite stellen große Hindernisse für den Verlauf des Studiums dar.[...] Diese Defizite beziehen sich explizit auf Fachsprache und auf den über Sprache vermittelten kulturellen Ausdruck." (M. Monteiro u.a. 1997 zit. nach Conto de Knoll 1987, S. 63)

Um ein Studium an einer deutschen Hochschule bewältigen und erfolgreich abschließen zu können, müssen die Studenten nicht nur studienorganisatorische Probleme auf Deutsch lösen können, sondern auch über genug Fachsprachkompetenz in ihren Fächern und die reale kommunikative Kompetenz mit ihren Kommilitonen und den Professoren verfügen.

Fachsprachliches Lernen und Sprachhandeln für den Hochschulbereich, wenn auch mit anderer Gewichtung, sind im Grundsatz ebenso bedeutungsvoll wie in den Bereichen Schule und berufliche Bildung. Was vielen Studienbereichen fehlt, scheint eher das Bewusstsein für Sprach- bzw. Sprachvermittlungsfragen zu sein. (Fluck 1992, S. 85)

Die sprachliche Anforderungen des Architekturstudiums, wie z.B. dem Folgen von Vorlesungen im Hörsaal, Fachtexte Verstehen, Diskutieren und Argumentieren in einem Seminar usw. werde ich im kommenden Text weiter berichten.

1.2 Besonderheit und Forschungsstand der Fachsprache der Architektur

Fachsprachen spielen sowohl im Studium als auch im Berufsleben eine sehr wichtige Rolle. Ohne sie wäre die Kommunikation in vielen Bereichen sehr erschwert oder gar nicht möglich. Wissenschaftler, Juristen oder Techniker brauchen die Fachsprachen, um gedankliche Inhalte präzise auszudrücken und neue Gegenstände oder Prozesse zu benennen. Aber wie definiert man „ Fachsprache“?

> „Eine Fachsprache ergänzt die Allgemeinsprache durch zusätzliche Begriffe und ihre Benennungen. [...] In weiterem Sinne aber schließt die Fachsprache auch die allgemeinsprachlichen Ausdrucksmittel mit ein, die bei der fachsprachlichen Verständigung notwendig sind.“ (Langensiepen 1997 zit. nach Wüster, S. 8)

Wie oben geschrieben, muss eine Fachsprache eigene spezielle Begriffe (Fachtermini) und Benennungen besitzen. Aber ist die Architektursprache tatsächlich eine Fachsprache? Was sind die Besonderheiten von dieser Sprache? Wie unterscheidet sie sich von anderen Fachsprachen wie den Medizin-, Jura- und Mathematik-Sprachen usw.? Nach dem Stand der Forschung über die Fachsprache der Architektur gibt es zwei Verschiedene Meinungen dazu. Einer sagt, es sei schwer zu bestimmen, ob die Sprache der Architektur eine richtige Fachsprache ist. Sehen wir zuerst folgendes Textbeispiel an, das in dem Buch *Experten-Laien Kommunikation in der Architektur* des Psychologen Riklef Rambow zitiert wurde:

> „Der bestehenden Anlage aus den Fünfzigern wird ein eigenständiger Kubus hinzugefügt, der sich selbstbewusst zur Hauptstraße präsentiert. Eine gläserne Fuge vermittelt zwischen Alt- und Neubau, nimmt die innere Wegeverknüpfung auf und intergriert im Erdgeschoss die Erschließung zum Hof. Dem Kubus ist hier eine aufgeständerte Raumspange vorgelagert, die so eine Übergangszone zwischen Innen- und Außenraum schafft.“ (Rambow 2000, S. 37 zit. nach Dechau, 1997 S.74)

Nach Rambow enthält diese Passage kaum Fachbegriffe im engere Sinne, d.h. Begriffe, die keine alltagsprachliche Bedeutung haben. Aber die Art der Verwendung der Begriffe unterscheidet sich deutlich von der Alltagssprache. Um eine solche Passage für Laien oder die Architekturstudenten mit geringen Vorkenntnissen zu „übersetzen“, reicht es nicht, einzelne Begriffe zu erläutern, es wäre wahrscheinlich auch nötig zu erläutern, wozu eine Übergangszone zwischen Innen- und Außenraum nützlich sein kann. Die Sprache versucht vor allem, die Überlegungen des Entwerfers beim Entwurf nachzuvollziehen. Weil die architektonische Fachsprache weniger durch die Beherrschung eines Fachvokabulars gekennzeichnet ist als vielmehr durch einen bestimmten perspektivischen Gebrauch der Worte, ist sie nach Rambow weder für den sprechenden Experten selbst noch für den Laien ohne weiteres als Fachsprache zu erkennen. (vgl. Rambow 2000, S.38.)

Aus einer anderen Perspektive meinen manche Sprachwissenschaftler, die Sprache der Architektur basiere wie andere Fachsprachen auf der lexikalischen und grammatischen Basis der Standardsprache, die durch bestimmte Fachbegriffe differenziert und erweitert wurde. Aber es ist schwer zu bestimmen, zu welchem Bereich diese Fachsprache gehört. Sie ist eine Mischung von Technik- und Kunstsprache. Nach der Forschung von Bielecka[4] ist wird Architektursprache sowohl von Bauingenieuren als auch von Künstlern verwendet. In dieser interdisziplinären Fachsprache verbinden sich das technische Wissen und die künstlerische Abstraktion. (vgl. Bielecka 2009, S. 12)

Fast genauso haben die beiden russischen Autoren, die das einzige fachsprachliche Deutschlehrwerk zur Architektur *Deutsch für Architekten* verfasst haben, im russischen Jahrbuch der Germanistik *Das Wort* geschrieben:

> „Es ist nicht einfach, die Fachsprache der Architekten zu bestimmen. Das hängt sicherlich damit zusammen, dass sie einerseits durchaus als technische Fachsprache, als Sprache der Bauingenieure, und andererseits als Fachsprache der Künstler gesehen werden kann.“ (Kuznecova und Löschmann *Das Wort*. Germanistisches Jahrbuch Russland 2008, S. 47)

„Das Studium der Architektur ist sehr umfassend: es müssen breit angelegte Kenntnisse vermittelt werden, die über naturwissenschaftlich-technische und künstlerische Grundlagen hinaus auch gesellschaftwissenschaftliche Disziplinen beinhalten“ (Schilden 1995 S. 8.). D.h. die Architekten müssen nicht nur die Fachtermini und Eigenamen der Bautechnik kennen, sondern auch die eigene Wahrnehmung, die Inspiration und das interdisziplinäre Hintergrundwissen, die in dem Entwurf gezeigt haben, verbalisie-

4 Die Diplomarbeit von Bielecka, Magdalena Maria (2009) *Stilelemente der romanischen Architektur.* an der Universität Wien. Zentrum für Translationswissenschaft befasst sich mit der Ausarbeitung und Analyse der Termini aus dem Fachbereich der romanischen Sakralarchitektur. Anhand von einer kunsthistorischen Einleitung und zahlreichen Beispielen werden Stilelemente der romanischen Architektur aufgezeigt und benannt.

ren. Das ist nicht nur eine Herausforderung für die ausländischen Studierenden, sondern für viele Muttersprachler auch nicht so einfach.

Berücksichtigt man nur die in den letzten zehn Jahren publizierten Bücher im Bereich der Fachsprachen, so findet man viele Forschungsergebnisse unter sowohl linguistischem als auch didaktischem Aspekt in den Bereichen Medizin, Jura und Wirtschaft. Es gibt aber nur sehr wenige Bücher, die ausdrücklich in die Fachsprache der Architektur einführen. Nach meiner Recherche wurde in Russland in den vergangenen Jahren diesem Bereich viel Aufmerksamkeit geschenkt. Prof. Natal'ja V. Ljubimova arbeitet an der Moskauer Staatlichen Linguistischen Universität (MSLU). Sie hatte bereits 2001 an der Internationalen Deutschlehrerkonferenz in Zürich einen Vortrag über die Fachsprache der Architektur *Die Welt erkennen durch die Architektur* gehalten. Der schriftliche Beitrag wurde im Jahr 2002 im russischen Jahrbuch der Germanistik veröffentlicht. Und im Jahr 2005 sind im Rahmen von Projektarbeiten des DAAD Seminare zum Fachsprachenunterricht an der Staatlichen Universität für Architektur und Bauwesen in Tomsk mit Förderung des DAAD durchgeführt worden. Sie waren von Frau Prof. Dr. Nadeshda Kusnetsowa (Lehrstuhl für Deutsch) initiiert und wurden von Prof. Dr. Martin Löschmann geleitet. Als ein Ergebnis dieser Seminararbeit ist das Lehrwerk *Deutsch für Architekten* von Nadeshda Kusnetsowa und Martin Löschmann entstanden. Leider ist in Deutschland auf Grund von geografischen und lizenzrechtlichen Problemen dieses Lehrwerk nicht erhältlich. Die Lektion 5 *Bauen und Wohnen* wurde jedoch von den Autoren bereits ins Netz gestellt.[5]

1.3 Sprachbedarfsanalyse und Sprachbedürfnisse

Angesichts der zunehmenden Zahl ausländischer Studenten und des geringen Studienerfolges in Deutschland kommt den studienbegleitenden Sprachkursen zu den jeweiligen Studienfächern, dem sogenannten studienbegleitenden Fachsprachenunterricht, immer größere Bedeutung zu. Das Ziel des Kurses ist, den Lerner in seinem Fach

5 Die Lehrwerkinhalt mit dem ergänzenden Unterrichtsentwurf finden Sie unter: http://www.iik.de/publikationen/Projekt211.pdf Zugriff am 28.03.2012 (Zugriff am 06.04.2012)

sprachlich handlungsfähig zu machen bzw. ihm den Erwerb der sprachlichen Handlungsfähigkeit zu ermöglichen, zumindest aber zu erleichtern. „Unter sprachlicher Handlungsfähigkeit im Fach verstehen wir die Fähigkeit des Lerners sich in der Zielsprache angemessen zu informieren und zu verständigen.“ (Buhlmann/ Fearns 2000, S. 9). Um dieses Ziel zu erreichen, ist eine fach- und sprachbezogene methodisch- fachsprachdidaktische Systematik notwendig. Als wichtige Bezugswissenschaft der Fachsprachendidaktik fungiert dabei die Fachsprachenforschung (vgl. Haider 2010, S.16). Ein guter und effizienter Sprachunterricht sollte sich immer an der Zielgruppe orientieren. Wenn den Sprachlehrenden klar ist, was die Sprachlernenden in der Zielsituation mit dieser Sprache tun wollen und müssen, dann ist die Erstellung eines zielgruppenorientierten Kursplans viel einfacher. Nach Beier und Möhn (1981, S. 112) ist die Formulierung konkreter Lernziele eines sinnvollen Sprachunterrichts das Ergebnis einer möglichst genauen *Bedarfsanalyse.* Das ist die sogenannte „needs analysis in language teaching[6]“, die von dem Sprachwissenschaftler John Munby in seinem *Communicative Syllabus Design* (1978) zum ersten Mal erwähnt und benutzt wurde. Danach sind R.R. Jordan, Tom Hutchinson und Alan Waters in ihrem Buch aus *Cambridge Language Teaching Library* diesem Begriff wieder näher gekommen. Nach Hutchinson und Waters beinhaltet „needs analysis“ zwei Aspekte. Einer ist „target need“ (Was die Lernende in den Zielsituation mit der Sprache tun müssen) und der andere ist „learning need“ (Was brauchen die Lernenden, um die Sprache zu lernen) (vgl. Huthinson/Waters 1987 S. 54). Eine mögliche deutsche Übersetzung von *needs analysis* ist *Sprachbedarfserhebung* oder *Sprachbedarfsanalyse.* Dr. Barbara Haider von der Universität Wien hat den Begriff *Sprachbedarfsanalyse* ganz vereinfacht definiert: „Sie versucht herauszufinden, was Lernende brauchen, warum sie eine Sprache lernen, worauf sie vorbereitet werden sollen, durch welche sprachlichen Anforderungen bestimmte Situationen charakterisiert sind, welche Bedürfnisse und Erwartungen an einen Sprachkurs bestehen. „(Haider 2009, S. 28).

6 Der Begriff „needs analysis“ wurde nicht nur in language teaching Bereich benutzt, sondern in vielen anderen geschäftliche Branche eingesetzt. Alle die im Text auftauchende „needs analysis“ bezieht sich nur auf „language teaching“.

Beim Begriff Sprachbedarfsanalyse zeichnen sich im deutschsprachigen Raum gegenwärtig drei Verwendungsweisen ab: Die traditionelle Weise der Sprachbedarfsanalyse ist von der Frage geleitet, ob und welche Fremdsprachen in einem bestimmten Bereich benötigt werden, z.B. der Fremdsprachenbedarf von technischen Facharbeitern und Facharbeiterinnen oder der Fremdsprachenbedarf in einem bestimmten Unternehmen oder Betrieb. Darüber hinaus dient der Begriff als eine Möglichkeit, den englischen Terminus *needs analysis in language Teaching* zu übersetzen, Sie wird als eine Methode der Datensammlung angesehen, auf deren Basis Entscheidungen zum Sprachunterricht getroffen werden. Die zahlreichen didaktischen Ansätze und Lehrmethoden, die zu *needs analysis* gefunden werden, tragen viel zur Unterrichtsplanung bzw. Vorbereitung und Lehr- und Lernmatrialienentwicklung des Sprachkurses für spezielle Zwecke bei. Eine dritte Weise geht von der Perspektive „zweite Sprache am Arbeitsplatz“ aus. Die Sprachbedarfanalyse dient als Grundlage der Entwicklung berufsbezogener Kursangebote und Materialien. (vgl. Haider 2010 S.41-43)

Die vorliegende Untersuchung basiert auf der zweiten Verwendungsweise des Begriffs. Ich wollte durch meine Untersuchung den konkreten Sprachbedarf und die Sprachbedürfnisse der Architekturstudenten an der TU-Berlin kennenlernen um entsprechende Unterrichtsmethoden und Übungsformen zu entwicklen.

Hutchinson und Waters haben *Target Needs* in drei Teile unterteilt: *Necessities, Lacks* und *Wants*. Unter *Necessities* versteht man Notwendigkeiten, also das was der Lernende in der Zielsituation mit dieser Sprache tun muss, z.B. Lehrbücher lesen, Seminar beteiligen oder mit Kommilitonen diskutieren. Oft kann der allgemeine Sprachunterricht diesen Bedarf nicht decken. „Lacks“ bezeichnet die Lücke zwischen Soll- und Ist-Zusand, bzw. was den Lernenden fehlt, um die Sprachhandlungen in der Zielsituation zu leisten. Nach R.R. Jordan sind *Necessities* und *Lacks* beide objektiv, während *Wants* als subjektiv bezeichnet wird (vgl. R.R. Jordan 1997, S 25-26).

Nach Diplom-Pädagogin Syablewski-Cavus wird Sprachbedarfsanalyse mit den Termini Sprachbedarf und Sprachbedürfnisse erklärt. Sprachbedarf wird dabei als „objektiv“ versehen, während Sprachbedürfnise „subjektiv“ sind.

> „Der objektive Bedarf ist gleichzusetzen mit den kommunikativen Anforderungen im beruf- bzw. arbeitsplatzspezifischen Kontext. Im Unterricht wird man wohl immer auch gleichzeitig konfontiert mit den subjektiven Erwartungen und Bedürfnissen, mit den Motivationen der TeilnehmerInnen bezogen auf die unterschiedlichen Prozesse. [...] Insofern sind also die subjektiven Kenntnisse, Erfahrungen und Erwartungen sowie die Motivation der TeilnehmerInnen ein wichtiges Korrektiv, um sich mit den objektiven Themen- und Fragestellungen [...] auseinander zu setzen.“ (Szablewski-Cavus 2000, S. 18)

Dem folgend wird die vorliegende Untersuchung ebenfalls aus den beiden Perspektiven (objektiv und subjektiv) durchgeführt.

2. Zur Forschungsmethodik

2.1 Fragestellung

Es gibt viele Forschungsmethoden, den Sprachbedarf zu analysieren. Sie können aber nicht gleichzeitig in einer Untersuchung eingesetzt werden. Die vorliegende kleine Sprachbedarfsanalyse richtet den Blick nur auf das Studium der ausländischen Architekturstudenten an der TU Berlin und geht der Frage nach, welche sprachlichen Anforderungen an den ausländische Architekturstudenten gestellt werden. Natürlich wird der erfolgreiche Abschluss des Architekurstudiums in Deutschland nicht nur von sprachlichen Faktoren bestimmt. Er ist zunächst abhängig von den Fachkenntnissen der Studenten im Fachgebiet Architektur. Dazu kommen Begabung und Lernfähigkeit, die auch wichtige Rolle spielen. Darüber hinaus können organisatorische und Lebensprobleme beim Auslandsstudium den endgültigen Erfolg beeinträchtigen. Die vorliegende Arbeit berücksichtigt nur den fachsprachlichen Aspekt des Studiums. Im Laufe der Untersuchung ergaben sich folgende Leitfragen:

- Welche sprachlichen Anforderungen werden an ausländische Architekturstudenten durch ihr Fachstudium in Deutschland gestellt?
- Welche sprachlichen Schwierigkeiten behindern ihr Studium?
- Welche Sprachfertigkeiten und Sprachkenntnissen möchten sie durch den studienbegleitenden Fachsprachkurs verbessern und erwerben?
- Welche Lücken stehen zwischen den Anforderungen und den Bedürfnissen und welche Probleme wurden in der Unterrichtspraxis dadurch hervorgerufen?

2.2 Zur methodischen Vorgehensweise bei der Sprachbedarfsanalyse

„Ausgangspunkt für eine Sprachbedarfsanalyse ist zumeist ein Fragenkatalog oder ein Stufenplan, der das Gerüst für die Analyse bietet.“ (Haider 2010, zit. nach Jordan 1997, S. 46)

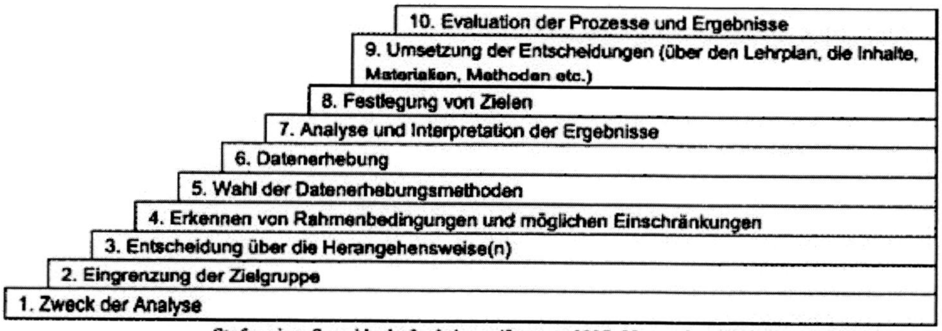

Stufen einer Sprachbedarfserhebung (JORDAN 1997, 23; aus dem Engl. übers.v.d.Verf.)

Dieses Grüst liegt auch der Entwicklung der vorliegenden Fragestellung zugrunde, wobei die Stufen 1 und 2 schon am Anfang dieser Arbeit berichtet werden und die Stufen 9 und 10 im Rahmen diese Arbeit nur als Vorschläge für die Fachsprachenlehrernden formuliert werden konnten.

Nach der Herangehensweise *Learning-Centred approaches* von Hutchinson und Waters (1987) an die Sprachbedarfsanalyse muss man vor der Datenerhebung folgende Leitfragen klären:

- „Wofür wird die Sprache gebraucht? (für Studium, Ausbildung, Arbeit oder für andere Zwecke)
- Wie wird die Sprache verwendet werden? (Medium: Sprechen, schreiben, oder lesen; Kanal: Telephon oder face to face; durch fachtext oder informelle Konversation)
- Was werden die Inhalt sein? (Gebiet: Medizin, Biologie; Niveau: Fachleute, Personen in Ausbildung)
- Mit wem werden die Lernenden die Sprache verwenden? (mit MuttersprachlerInnen oder Nicht-MuttersprachlerInnen; mit Fachleute oder Laien; mit KollegInnen, Lehrenden)
- Wo wird die Sprache verwendet werden? (Orte: Büro, Vorlesungsraum, Workshop etc; sozialer Kontext: allein, in Besprechungen, am Telephon etc.; im Heimatland, im Ausland)
- Wann / in welcher Intensität wird die Sprache verwendet werden? (parallel zum Kurs oder nachher; häufig, selten etc.)“

(Hutchinson/ Waters 1987, S. 59 von Haider gekürzt und aus dem Engl. übers. zit. in Haider 2010, S. 47)

Um die oben genannten Fragen zu beantworten, werden in der Literatur zu *need analyis* zahlreiche Datenerhebungsmethoden vorgeschlagen z.B in Hutchinson/ Waters (1987), Jordan (1997), Grünhage-Monetti (2000):

- *Fragebögen*
- *Interviews*
- *Diskussionen*
- *informelle Gespräch mit SponsorInnen, Lernenden etc.*
- *Datensammlung (z.B. Aufnahme von Gesprächen, Listen von Sprachgebrauchssituationen)*
- *Analyse authentischer (Fach)Texte (mündlich und schriftlich)*
- *Beobachtungen, Shadowing*
- *Fallstudien*
- etc.

Entsprechend diesen zahlreichen Methoden kommen bei einer Sprachbedarfserhebung auch mehrere Informationsquellen infrage. Nach Haider können die Quellen folgende sein:

- die lernenden Personen, die im betreffenden Feld arbeiten oder dieses erforschen
- schriftliches Material aus dem betreffenden Feld
- bereits vorhandene Untersuchungen des betreffenden Feldes
- etc. (vgl. Haider 2010, S.47)

Wie viele und welche Quelle in welcher Weise konsultiert werden, ist abhängig von der Fragestellung, vom Anspruch der Forschung, sowie von der zur Verfügung stehenden Zeit und den Ressourcen. Für die Untersuchung meiner Masterarbeit wurden

- Unterrichtsbeobachtung
- Qualitatives Interview
- Sekundärforschung[7]

als Hauptforschungsmethoden gewählt.

7 Die Sekundärforschung dient der Verarbeitung und Interpretation bestehender Daten. Als Quellen dienen z.B. Statistik, Zeitschrift, Datenbank, Bücher und Webseite.

2.2.1 Unterrichtsbeobachtung

2.2.1.1 Fachunterrichtsbeobachtung

Um eine Vorstellung vom Architekturstudium an der TU Berlin und dessen Anforderungen an die Studierenden zu bekommen, führte ich mehrere Unterrichtsbeobachtungen durch. Insgesamt habe ich an sechs Kursen aus dem Bachelorstudiengang Architektur an der TU-Berlin teilgenommen: je zwei Mal in den Fächern *Architektursoziologie* (VL, Essay) [8], *Grundlage der Architekturtheorie: Konstruktion und Wahrnehmung* (SE, Referat, Hausarbeit), sowie *Entwurf 1* (EP[9]/VL, Entwurfsschein) und einmal am Kurs *Berlin calling. Konflikte Berliner Stadtenentwicklung seit 1990* (iV[10], Referat und schriftliche Ausarbeitung), *Darstellende Geometrie* (VL, Anfertigung von Übungsaufgaben, Test), *Entwurfslabor* (EP, Entwurf in Modellen und Zeichnungen, Mappe).[11]

Zu Beginn der Hospitationen habe ich mit allen VeranstaltungsleiterInnen vereinbart, dass ich nur im Hintergrund bleibe. Ich wurde nicht in den Klassen vorgestellt und nahm auch nicht an Handlungen und Gesprächen teil, sondern beobachtete nur. Während der Pausen wurden mit den TeilnehmerInnen Gespräche geführt, bei denen sie großes Interesse an meiner Untersuchung zeigten.

Die Beobachtung des Unterrichts verfolgte mehrere Fragen:

- Mit welchen Materialien wird gearbeitet (Skriptum, Arbeitsblätter oder Folien, etc.)?
- Wie arbeiten die TeilnehmerInnen im Unterricht mit (mitschreiben, Fragen stellen, oder Diskutieren mit KommilitonInnen etc.)
- Gibt es bei den ausländischen Studierenden sprachliche Probleme? Wie reagieren die anderen TeilnehmerInnen und die Unterrichtsperson?
- Welche Inhalte werden in diesem Fach unterrichtet? Was ist sprachlich auffallend? (z.B. fachsprachlicher Anteil des Unterrichts)

---

8 Art der Lehrveranstaltung und Prüfungsform
9 EP: Entwurfsprojekt
10 iV: intergative Vorlesung
11 Aus dem Kommentiertesvorlesungsverzeichnis Architektur WS 2011/12 der TU-Berlin

Neben der Unterrichtsbeobachtung waren vor allem die informellen Gespräche mit den Unterrichtenden nach dem Unterricht sehr hilfreich. Dabei erhielt ich die Informationen über die Grundlagenliteratur der Architektur und die aktuelle Entwicklungen im Arbeitsmarkt, die bei meinen weiteren Recherchen viel geholfen haben.

2.2.1.2 Beobachtung bei dem Fachsprachenunterricht

Da die Zems[12] an der TU Berlin schon einen Fachsprachkurs für die Bereiche Architektur und Planungswissenschaft anbietet, wollte ich einerseits einige fachsprachliche Lehrerfahrungen des Sprachdozenten sammeln und die Unterschiede zwischen allgemeinem und fachlichem Sprachkurs erkennen. Andererseits wollte ich durch die Unterrichtsprotokolle einen Vergleich zwischen Unterricht und Sprachbedarf sowie der Bedürfnisse, die ich schon aus meiner Untersuchung kannte, durchführen. Auf diese Weise werden die Schwierigkeiten und Verbesserungsmöglichkeiten der praktischen Fachsprachkurse erkennbar.

Während der Hospitationen waren nur schriftliche Aufzeichnungen möglich. Audio- oder Videoaufnahmen konnten nicht durchgeführt werden. Darum stellt das Ergebnis dieser Hospitationen keine detaillierte Unterrichts- bzw. Sprachanalyse der Kurse dar, sondern ist vielmehr eine Momentanaufnahme und der Versuch einer Beschreibung des konkreten Ablaufs des Fachsprachkurses Architektur.

2.2.2 Interviews

2.2.2.1 Qualitative Interviews

Den Kern der Untersuchung stellen qualitative Interviews mit den ausländischen Architekturstudenten an der TU Berlin dar. Das Ziel dabei war es, durch den intensive Gespräche mit den betroffenden Fachstudierende die sprachlichen Anforderungen und

12 Zentraleinrichtung Moderne Sprachen

Sprachanwendungen des Architekturstudiums noch näher kennenzulernen, sowie die etwas über die wesentlichen Sprachschwierigkeiten im Studium und die Erwartungen an den Sprachkurs und die Sprachlehrenden zu erfahren. Mit den Interviews sollten dabei weniger im Vorfeld aufgestellte Hypothesen überprüft werden, sondern vielmehr aus dem Erfahrungsbereich der Befragten generiert werden. Auf diese Basis versuche ich, den Antwort der befragten keine Beschränkungen bezüglich des Inhalts, der Form, der Spezifität und der Ausführlichkeit aufzuliegen.

2.2.2.2 Interviewsform und Entwicklung des Leitfadens

Für die vorliegende Erhebung wurde die Form des problemzentrierten Interviews gewählt, damit haben die TeilnehmerInnen genug Raum und Auswahlmöglichkeit für die Darstellung persönlicher Erfahrungen. „Sie sollen als kompetente Interaktionspartner auftreten können, denn sie sind – und genau in dieser Eigenschaft erlangen sie ihre Bedeutung – Experten für die zu untersuchenden Fragen." (Haider 2010, S. 79) „Der Leitfaden sollte jedoch nicht einengend wirken, sondern viele Spielräume in den Fragenformulierungen Nachfragestrategien und in der Abfolge der Fragen eröffnen." (ebd. S. 79) Auf diese Basis wurde noch ein Probeinterview gemacht, um die Durchführbarkeit dieser Interviewsform zu überprüfen, sich der Schwächen in der Interviewführung im Voraus bewusst zu werden und den Leitfaden zu optimieren. Allerdings wurde das Interview schließlich nicht in die Auswertung mit einbezogen, da es nicht ausreichend ausführlich transkribiert werden kann. Außerdem waren die Interviewfragen in den Folgeinterviews nicht vollkommen identisch. Um sicherzustellen, dass die Befragten mit meinem Thema noch vertraut sind, erhielten die Befragten vor den nächsten Interviews noch einmal einen entsprechenden Informationszettel über den Ablauf. Aus wissenschaftlichen Gründen nahme ich alle späteren Interviews mit Handy auf.

Die Leitfaden der Interviews nach der Optimierung umfasst folgende fünf Aspekte, zu denen im Laufe der Interviews viele vertiefende Fragen gestellt wurden.

a) Persönlicher Hintergrund und Sprachlernbiografie

b) Die Meinung zur Wichtigkeit von Deutschkenntnissen im Architekturstudium in Deutschland

c) Die Meinung zur Wichtigkeit der Sprachfertigkeit für das Architekturstudium, z. B. Sprechen, Hören, Schreiben und Lesen

d) Die Sprachanwendungssituationen beim Architekturstudium und die besonderen Sprachschwierigkeiten

e) Die Meinung zum studienbegleitenden Architekturfachsprachkurs an der Uni

Um die zentralen praktische Probleme im Unterricht aus institutioneller Perspektive zu erheben, hat auch mit dem Kursleiter des *Arbeit mit Fachtexten (C1) Architektur u. Planungswissenschaften* an der Zems der TU Berlin ein Interview stattgefunden, das auf Handy aufgenommen und partiell transkribiert wurde. Die zentralen Fragen des Interviews, die ich in einem Leitfaden für mich vorbereitet hatte, betrafen die Bereiche a) Allgemeines zum Kurs (Curriculum, Stärken und Schwächen, falscher Forkus der Lernenden) b) Meinungen zur Fachsprache Architektur, und die Erfahrungen mit den ausländischen Architekturstudenten c) Auswahlkriterien der Unterrichtsmaterialien.

2.2.2.3 Vorstellung der InterviewpartnerInnen

Im Folgenden sollen die InterviewspartnerInnen kurz vorgestellt werden, wobei die akademische Ausbildung und die persönliche Sprachlernbiografie im Vordergrund stehen. Die Namen wurden zwecks Aufrechterhaltung der Anonymität von mir geändert. Die Reihenfolge der Interviews erfolgt chronologisch nach dem Zeitpunkt ihrer Aufnahme.

Hong (29 weiblich) kommt aus China, studiert Architektur an der TU Berlin, 1. Semester (MA), Studienprofil Architektur Allgemein[13]. Mit der Ausbildung zum Bachelor hat sie ein Jahr in China verbracht ohne akademische Titel zu erwerben-

13 Am Masterstudiengang Architektur der TU-Berlin gibt es 4 Studienprofile : Architektur Allgemein, Architektur im Bestand, Standort und Projektentwicklung oder Entwurf-Tragwerk-Energie Studierende haben die Möglichkeit, eines von vier Studienprofilen zu wählen.

Danach hat sie in acht Monaten ihre Deutschkenntnisse im Rahmen eines universitären Fremdsprachenkurses in China erworben, ohne ein Zertifikat zu erhalten. Mit der Deutschlernenbescheinigung über 400 Unterrichtsstunden bekam sie trotzdem noch eine Zulassung von einem Vorbereitungskurs an einem Studienkolleg der deutschen Hochschule. Nach einem Jahr Ausbildung am Studienkolleg , in dem man sowohl Sprache als auch fachbezogene Kenntnisse erwerben kann, hat sie die fachliche Abschlussprüfung und die Deutsche Sprachprüfung für den Hochschulzugang" (DSH) bestanden (DSH2) und wurde als Bachelorstudentin an der TU Berlin aufgenommen. Ihr Bachelorstudium in Deutschland hat 4 Jahre gedauert und nach dem Abschluss wurde sie weiter als Masterstudentin von den Fachbereich Architektur der TU Berlin übernommen. Sie lebte zum Zeitpunkt des Interviews seit ca. sechs Jahren in Deutschland. Ihre Muttersprache ist Chinesisch. In der Schule lernte sie mehr als zehn Jahre lang Englisch, das sie nach eigener Einschätzung ungefähr bis Niveau B2 beherrscht. Während ihres Bachelorstudiums besuchte sie zwei Semester lang die studienbegleitende Fachsprachkurs in den Fachrichtung Architektur. Wegen der zeitlichen Belastung und den Anforderungen des Fachstudiums hat aber sie ab dem dritten Semester auf den Kurs verzichtet. Nach Aufnahme des Masterstudiums an der TU Berlin hat sie auch ein Semester lang den Fachsprachkurs in Architektur und Stadtplanung am Zems besucht. Sie verzichtete aber auf die weiteren Teinahme, da ihre Bedürfnisse nach mehr Fachwortschatz in Architekturbereich gibt, während der Kursschwerpunkt auf dem Vokabular der Stadtplanung lag.

Li Ming (29 männlich), stammt aus China, studiert Architektur als Masterstudent an der TU Berlin für das 3. Semester. Sein Studienprofil ist ebenfalls Architektur Allgemein. Sein Bachelorstudium hat er in China abgeschlossen. Danach arbeitete er zwei Jahre lang in einem chinesiches Architekturbüro. Im Jahr 2008 besuchte er sechs Monate lang den Deutschkurs einer privaten Sprachschule in Peking. Am Ende dieses Kurses erhielt er eine Lernbescheinigung für 800 Stunden, aber nach seiner Meinung hat er in den sechs Monaten nicht wirklich so viele Stunden Deutsch gelernt, sondern die Schule hat nur eine Bescheinung über die gezahlte Studiengebühr ausgestellt.

Danach bewarb er sich damit um die Zulassung an einer deutschen Hochschule. Er bekam eine bedingte Zulassung[14] zum Studienvorbereitungskurs der TU Chemnitz. Nach der Ankunft in Deutschland wurde er nach einem Einstufungstest dem Niveau B1 zugeteilt und besuchte weitere sechs Monate den B1-Sprachkurs sowie drei Monate einen Intensiv-Sprachvorbereitungskurs für die DSH-Prüfung. Im Jahr 2009 hat er die DSH-Prüfung bestanden und wurde von der Technischen Universität Berlin aufgenommen. Er lebte zum Zeitpunkt des Interviews nur seit zweieinhalb Jahren in Deutschland und befand sich im dritten Semester seines Studiums. Im ersten Semester besuchte er auch ein Semester lang den Fachsprachkurs Architektur der Zems. Wegen finanzieller und zeitlicher Probleme gab er den Kurs auf. Die Sprachlehrer des Kurses bewertete er positiv, aber er sieht noch große Defizite bezüglich der Vielfalt der Unterrichtsformen und der Aktualität des Unterrichtsmaterialien.

Lan (29 weiblich) kommt aus China, studiert Architektur an der TU Berlin, drittes Semester (MA), Studienprofil Architektur Allgemein. Sie interessiert sich auch für Architekturtheorie und verschob zum Zeitpunkt des Interviews allmählich ihren Schwerpunkt dorthin. Ihr Bachelorstudium hatte sie in China abgeschlossen. Nach drei Jahren Berufstätigkeit in einer Baufirma begann sie an einer privaten Sprachschule in Peking Deutsch zu lernen. Dabei handelte es sich um einen neunmonatigen Intensivkurs. Jeden Vormittag (von Montag bis Freitag) verbrachte Lan vier Stunden im Unterricht, danach erledigte sie nachmittags zu Hause die Hausaufgaben . Mit der Bescheinigung über 800 Stunden Deutschkurs bewarb sich Lan an einer deutschen privaten Sprachschule in Berlin und nahm dann an einem dreimonatigen Intensivkurs zur Vorbereitung der DSH-Prüfung teil. Am Ende dieses Kurses bestand sie erfolgreich die DSH-Prüfung und wurde von der Technischen Universität Berlin aufgenommen. Sie lebte zum Zeitpunkt des Interviews zweieinhalb Jahre in Deutschland. Im ersten Semester besucht sie den Fachsprachkurs, sie fand aber, dass er ihr wenig geholfen hatte.

[14] Bedingte Zulassung bedeutet, dass die Universität bestätigt, dass -sofern der Eignungstest positiv beschieden wird, oder die fehlende Zeugnis nachreichen werden, sie die Zulassung zum Studium erlangen. Der Eignungstest ist normalerweise ein Sprachtest

Herr Baumann ist der Deutschlehrer für den studienbegleitende Fachsprachkurs für Architektur und Planungswissenschaft in der Zems der TU Berlin. Er hat 34 Jahre Erfahrung als Deutschlehrer und arbeitet seit neun Jahren an der TU Berlin. Vor dem Eintritt in die TU Berlin war er viele Jahre postgraduell als DAAD-Deutschlehrer für Berufssprache und Mittelmanagment tätig. Nach meiner Beobachtung und dem, was ich im Interview erfahren habe, ist er ein sehr praxisorientierter und erfahrener Deutschlehrer. Er gab mir viele lebendige Beispiele für meine Untersuchung. Aus der Perspektive eines Kusleiters wies er auf viele Widersprüche zwischen die Erwartung und Unterrichtspraxis hin. Diese werden im letzten Kapitel dieser Arbeit ausführlicher berichtet.

2.2.3 Sekundärforschung und Dokumentanalyse

„Ein anderer Weg sich ein Bild vom Fremdsprachenbedarf in der Berufspraxis zu machen, ist es eigene Recherchen (z.B. über Telefonbücher, Branchen-handbücher, Internet etc.) anzustellen" (Kiefer, Schlak, Iwanow unveröffentlichter Text) „Das Sammeln und Analysieren von Dokumenten ist ein anerkanntes Verfahren innerhalb ethnografischer Forschung (z.B. Ellis 1995: 568), in dessen Rahmen auf eine Vielzahl unterschiedlicher Materialien zurückgegriffen und somit Erkenntnisse aus anderen Datenquellen bestätigt, neue Hypothesen generiert und die Forschungsrichtung beeinflusst werden können." (Motz 2005 zit. nach Glesne/ Peshkin 1992, S. 80) Die Recherchen und Analyse zu den vorhandene Datenmaterialien wurden als für Sekundärforschung angesieht.[15] Und nach der Untersuchungsmatix von Dr. Kiefer (Er ist der Lehrbeauftragte der Fachrichtung Deutsch als Fremdsprache an der TU Berlin. Er leitet ein Seminar *Sprachbedarf und Sprachgebrauch an der Universität.* Im Seminar erstellte er mit den SeminarteilnehmerInnen zusammen diese Untersuchungsmatrix für die Einflussfaktoren auf den Sprachbedarf an der Universität):

15 Vgl. nach der Erklärung zu *Sekundärforschung* auf Wikipedia http://de.wikipedia.org/wiki/Sekund%C3%A4rforschung (Zugriff am 07.05.2012)

Abbildung 1 Einflussfaktoren auf den Sprachbedarf im Lernraum Universität (unveröffentlicht)

wurden folgenden Informationsquellen recherchiert und analysiert, die der Erfassung des objektiven Sprachbedarfs dienten:

- Europäische Qualifikationsrahmen
- Leitfaden des Architekturstudium von BAK[16]
- Prüfungsordnung der Architekturstudiengang an der TU Berlin
- Ankündigung zu Weiterbildung der Architekten durch die BAK

Der Fokus wurde dabei auf die Beschreibung kommunikativer Anforderungen sowie auf typische, mit Kommunikation verknüpte Gesprächsarten gelegt.

[16] BAK: Bundesarchitektenkammer

2.3 Zur Darstellung der Ergebnisse

Wie im Kap. 1.3 erwähnt, werden die Forschungsergebnisse aus objektiver und subjektiver Perspektive dargestellt. In der konkreten Darstellungsweise verfolge ich noch die Untersuchungsmatrix von Dr. Kiefer. (s.Abbildung 1)

Im objektiven Teil tritt zum *Bildungsstandard* der *europäische Qualifikationsrahmen* und der *Leitfaden des Architekturstudiums* des BAK. Die kommunikativen Anforderungen im Rahmen des allgemeinen Studiums und speziell des Architekturstudiums wurden von den Vorschriften sichtbar gemacht und interpretiert. Zu der *Erwartung von Führungskräften* in der Matrix wurden nicht nur die kommunikativen Anforderungen in der Ankündigung zu Weiterbildung der Architekten durch die BAK analysiert, sondern auch die Meinungen der Experten im Bereich Architekturvermittlung zitiert.

Die subjektiven Sprachbedürfnisse werden aus Sicht der Betroffenen präsentiert, nämlich betreffend die Studien- und Lernerfahrungen der Betroffenen, die Erwartungen an sich selbst und die Lehrinstitutionen, z.B. die Erfahrungen bei der Sprachanwendungen, wo sind die Hauptschwerigkeiten. Aus der Sicht der Betroffenen erkennt man die kommunikative Kompetenzen für das Architekturstudium wieder in anderen Aspekten, die nicht ganz vom den objektiven Bedarf aus der Rahmenbedingungen gedeckt werden.

An dieser Stelle sei noch explizit darauf hingewiesen, dass die Interviewspartner alle aus China sind. An manchen Stellen zeigen sich bestimmte Lerngewohnheiten der Chinesen oder kulturelle chinesische Besonderheiten. Aber aus Zeitgründen werden die Einflussfaktoren nicht betrachtet. Außerdem wurden die Interviews alle in dem Muttersprache der Befragten Chinesisch durchgeführt, deswegen ist es nicht möglich eine Wort für Wort Transkription auszustellen. Aber ich versuchte, das Inhalt so original wie möglich zu übersetzten.

3. Ergebnisse der Sprachbedarfserhebung für akademische Zwecke am Fachbereich Architektur

3.1 Objektiver Sprachbedarf im Rahmen des Architekturstudiums

3.1.1 Allgemeine kommunikative Anforderungen im Rahmen des Studiums in Deutschland

Nach dem *europäische Qualifikationsrahmen (EQR)*[17] müssen Lernende im ersten und zweiten *Studienzyklus*[18] in Europa folgende Lernergebisse erreichen:

Jedes der acht Niveaus wird durch eine Reihe von Deskriptoren definiert, die die Lernergebnisse beschreiben, die für die Erlangung der diesem Niveau entsprechenden Qualifikationen in allen Qualifikationssystemen erforderlich sind.

KENNTNISSE	FERTIGKEITEN	KOMPETENZ
Im Zusammenhang mit dem EQR werden Kenntnisse als Theorie- und/oder Faktenwissen beschrieben.	Im Zusammenhang mit dem EQR werden Fertigkeiten als kognitive Fertigkeiten (unter Einsatz logischen, intuitiven und kreativen Denkens) und praktische Fertigkeiten (Geschicklichkeit und Verwendung von Methoden, Materialien, Werkzeugen und Instrumenten) beschrieben.	Im Zusammenhang mit dem EQR wird Kompetenz im Sinne der Übernahme von Verantwortung und Selbstständigkeit beschrieben.

---

[17] Der Europäische Qualifikationsrahmen (EQR) fungiert als Übersetzungsinstrument, das nationale Qualifikationen europaweit verständlich macht und so die grenzüberschreitende Mobilität von Beschäftigten und Lernenden und deren lebenslanges Lernen fördert. Der ist Im April 2008 von dem Europäische Parlament beschlossen. (Europäische Kommission, http://ec.europa.eu/education/lifelong-learning-policy/eqf_de.htm Zugriff am 19.07.2012)

[18] Erster Studienzyklus: Der Bachelorstudiengang setzt sich aus einem Programm von 180 Credits zusammen. Er ist normalerweise auf drei Studienjahre verteilt und führt zum Erhalt des akademischen Grades „Bachelor". Dieser ermöglicht ohne weitere Auflagen den Zugang zum entsprechenden Masterstudium, kann aber auch unter Berücksichtigung anderer Auflagen den Zugang zu weiteren Masterstudien ermöglichen. Er ersetzt die Kandidatur.

Zweiter Studienzyklus: Der Master folgt auf eine Ausbildung von mindestens 180 Credits und umfasst 60 oder 120 weitere Credits, verteilt auf ein oder zwei Studienjahre. Es muss eine Endarbeit verfasst werden. Er ersetzt die Lizenz.

(aus dem Text Studiensystem Bologna http://www.jugendinfo.be/bildung/bologna.html Zugriff am 07.08.2012)

NIVEAU 6**	Zur Erreichung von Niveau 6 erforderliche Lernergebnisse	Fortgeschrittene Kenntnisse in einem Arbeits- oder Lernbereich unter Einsatz eines kritischen Verständnisses von Theorien und Grundsätzen	Fortgeschrittene Fertigkeiten, die die Beherrschung des Faches sowie Innovationsfähigkeit erkennen lassen, und zur Lösung komplexer und nicht vorhersehbarer Probleme in einem spezialisierten Arbeits- oder Lernbereich nötig sind.	Leitung komplexer fachlicher oder beruflicher Tätigkeiten oder Projekte und Übernahme von Entscheidungsverantwortung in nicht vorhersehbaren Arbeits- oder Lernkontexten Übernahme der Verantwortung für die berufliche Entwicklung von Einzelpersonen und Gruppen
NIVEAU 7***	Zur Erreichung von Niveau 7 erforderliche Lernergebnisse	Hoch spezialisiertes Wissen, das zum Teil an neueste Erkenntnisse in einem Arbeits- oder Lernbereich anknüpft, als Grundlage für innovative Denkansätze und/oder Forschung; Kritisches Bewusstsein für Wissensfragen in einem Bereich und an der Schnittstelle zwischen verschiedenen Bereichen	Spezialisierte Problemlösungsfertigkeiten im Bereich Forschung und/oder Innovation, um neue Kenntnisse zu gewinnen und neue Verfahren zu entwickeln sowie um Wissen aus verschiedenen Bereichen zu integrieren	Leitung und Gestaltung komplexer, unvorhersehbarer Arbeits- oder Lernkontexte, die neue strategische Ansätze erfordern Übernahme von Verantwortung für Beiträge zum Fachwissen und zur Berufspraxis und/oder für die Überprüfung der strategischen Leistung von Teams

Abbildung 2 [19] Anteil der europäische Qualikationsrahmen[20]

Daraus kann man ersehen, dass Studenten mit Bachelorabschluss in Europa in der Lage sein müssen, selbständig ihre Arbeit und Karriere zu organisieren und die bestehende Ansätze ihres Lern- oder Forschungsbereichs kritisch zu betrachten. Nach dem Masterstudium müssen sie auf der Basis des Bachelorstudiums ihr Fachwissen vertiefen und spezialisieren. Wichtiger ist noch, dass sie mit Hilfe der bestehenden Ansätze in ihrem Arbeits- oder Lernbereich neue kreative Denkansätze beitragen oder dazu Forschung durchführen können. Außerdem werden sie befähigt, die komplexere Arbeit oder Projekt selbständig organisieren. Das bedeutet, dass die Studenten während des Studiums nicht nur Faktenwissen erwerben sollen, sondern sie müssen es während des Studiums in prozedurales Wissen[21] umwandeln, bzw. in der Praxis nutzbares Wissen. Das ist nichts anderes als die sog. Handlungskompetenz für den späteren Beruf oder die wissenschaftliche Forschungsfähigkeiten. Dies wird auch im Titel der EQR erwähnt: *für Lebenslanges Lernen*

> „Die berufliche Handlungskompetenz wurde als Leitziel in der Berufsbildung durchgesetzt. Sie wird als Einheit von Fach-, sozia- und Humankompetenz definiert. [...] Andere Kompetenzbegriffe wie Methoden-, Lern- und kommunikative Kompetenz sind inkludierbare Querschnitteskompetenzen." (Dehnbostel/Neß u.a. 2009, S. 57)

---

[19] Aus dem *europäische Qualifikationsrahmen Für lebenslange Lernen* http://ec.europa.eu/education/pub/pdf/general/eqf/leaflet_de.pdf

[20] Der Niveau 6 entspricht dem erste Studienzyklus bzw. dem Bachelorstudium oder äquivalente akademische Studium und der Niveau 7 entspricht dem zweite Studienzyklus bzw. dem Masterstudium oder dem äquivalentes Studium in Europa.

[21] *Prozedurales Wissen* ist ein praktisch brauchbares Wissen, das oft in Form von automatisierten und insofern unbewussten *Verarbeitungsroutinen* auftrifft im Unterschied zum *Deklarative Wissen* (Multhaup 2002)

Daraus kann man ersehen, dass die kommunikative Kompetenz eine der grundlegenden situationsbezogenen Handlungskompetenzen ist.

Die Forscher des Projektes *idial4P*[22] haben die geforderten Kompetenzen und Fähigkeiten für das Studium in Deutschland nach den unterschiedliche Zielgruppen systematisch untersucht. Sie meinten, die Hochschulstudenten, die Lerner an bilingualen Wirtschaftsgymnasien und Handelsschulen, die wissenschaftliche Mitarbeiter an Hochschulen benötigen nicht nur fremdsprachliche Kenntnisse, sondern auch andere relevante kommunikative Kompetenzen wie:

„- universitäre Diskursformen des Ziellandes kennen und beherrschen
- kulturelle Besonderheiten im interpersonalen Bereich kennen und angemessen damit umgehen
- typische Konflikt-/Problembewältigungsstrategien des Ziellandes kennen und anwenden
- sich bei einem Unternehmen vorstellen
- Unternehmenshierarchien und Arbeitsabläufe verstehen
- Arbeitsvorgänge beschreiben
- Projekte planen und durchführen
- Praktikumsberichte verfassen" (Tellmann u.a. 2012. S.12-13)

bewältigen.

Ein erster Blick auf die Kompetenzen, die generell fast in allen Studiengängen gefordert werden, zeigt bereits, dass fast alle genannten Kompetenzen mit kommunikativen Handlungen verknüpft sind, sowohl mündlich als auch schriftlich. Z.B. um die *universitäre Diskursformen zu beherrschen,* muss man unbedingt seine mündliche Kompetenz trainieren, die bezieht sich nicht nur auf die von der Institution vorgegebenen Diskurse wie Gespäche im Seminar, Referat halten und Präsentieren sondern auch informelle, wie etwa persönliche Gespräche zwischen den Studenten oder auch zwischen Studenten und Lehrenden, wie z.B. zur Sprechstunden gehen, diskutieren bei

[22] Das ist das Projekt „interkulturelle Dialog for Professionals", das von der EU gefördert wird.

der Gruppenarbeit, usw. Wenn man *Praktikumsberichte* oder *Arbeitsvorgänge* verfasst oder beschreibt, benötigt man die wissenschaftliche Schreibfähigkeit, die sehr wichtig für die akademische Ausbildung ist.

3.1.2 kommunikative Anforderungen im Rahmen des Architekturstudiums

Das Architekturstudium ist zwar kein Sprachstudiengang wie Anglistik oder Germanistik, aber die kommunikative Kompetenz ist für die Absolventen der Architekturausbildung unverzichtbar. Das kann man von den Studienprofilen und den Anforderungen der Architekturausbildung erkennen.

Um die Architekturausbildung in Deutschland zu vereinheitlichen oder standardisieren hat die Bundesarchitektenkammer im Jahr 2007 einen *Leitfaden für Berufsqualifikation der Architekten/innen* erstellt. Darin werden die Ausbildungsinhalte, Ausbildungsziele und die notwendigen Kompetenzen für das Architekturstudium konkret benannt. Nach der Erfassung der BAK ist Architektur ein interdisziplinäres Gebiet, das viele wichtige Komponenten einschließt: Geistes-, Sozial- und Naturwissenschaften, Technik und Kunst.[23] Von der Geometrie über Musik, Medizin und Recht bis zur Astronomie umfasst sein Kanon praktisch das gesamte Spektrum antiker Gelehrsamkeit. Die Vorstellung vom Architekten als „Universalgenie“ wurde in der italienischen Renaissance durch Künstler wie Alberti, Michelangelo oder Leonardo verkörpert. Und auch „heute ist unbestritten, dass so unterschiedliche Wissensgebiete wie Recht, Wirtschaft, Technik, Kunst, Naturwissenschaften, Ökologie und Sozialwissenschaften potenziell relevant für die Architektur sind " (Rambow 2004. S. 3). Die Anforderungen an die integrativen Fähigkeiten der Studenten nehmen im Lauf des Architekturstudiums zu. Nach dem *Leitfaden Berufsqualifikation der Architekten/innen* des BAK müssen die Architekturstudenten nach dem Studium Kompetenzen und Kenntnisse zu folgenden Gebieten bewältigen:

[23] http://www.asap-akkreditierung.de/dateien/dokumente/de/manual_architektur_4._auflage_2009.pdf (Zugriff am 07.06.2012)

Entwurfskompetenz, Technikwissenschaft, Kultur- und Kunstwissenschaften Entwurfsmethodik, Sozial- und Humanwissenschaften, Bauökonomie / Baumanagement, Umweltwissenschaften[24]

Unter den groben Kompetenzen und Kenntnisseanforderungen wurden noch viele Subkompetenzen und Subkenntnisse verlangt. Die meisten gehen eher in die Richtung *Anwendung, Bewusstsein und Verständnisse,* aber diese Kompetenzen und Kenntnisse sind nicht erwerblich ohne genug Sprachkompetenz.

Rezeptive Kompetenz zu Texten[25] mit hohem Schwierigkeitsgrad der Fachwörter

Unter *Sozial- und Humanwissenschaften* steht im Leitfaden: *Kenntnisse über die entsprechenden Gesetze, Regeln und Maßstäbe für Planung, Entwurf, Bau, Gesundheit, Sicherheit und den Gebrauch gebauter Umwelt.* Das zeigt, dass die Gesetze, Regeln und Maßstäbe des Ziellandes ganz am Anfang eines architektonischen Entwurfs berücksichtigt werden sollen, denn sie gehören zum Orientierungssystem eines Entwurfs. Nur wenn ein Architekt diese Regelungen, Vorschriften und Rahmenbedingungen ganz verstanden hat, kann er einen Bauauftrag übernehmen und ein realisierbare Architktur entwerfen.

Um dieses Verständnis zu erreichen, werden die *bauplanerischen und städtebaulichen Kenntnisse unter Berücksichtigung ihrer kulturellen, gesellschaftlichen, gestalterischen und technischen Bedingungen* an die Studierenden vermittelt. Z.B. setzt das Architekturstudium an der TU Berlin das Modul *Baurecht, Baumanagement* als obligatorisch voraus.[26] Für ausländische Studenten aber sind die hochgradig fachbezogenen Ausdrücke aufgrund begrenzter Deutschkenntnisse schwer zu verstehen, besonders wenn sie aus

[24] *Leitfaden Berufsqualifikation der Architekten/innen*
http://www.google.de/url?sa=t&rct=j&q=&esrc=s&frm=1&source=web&cd=1&ved=0CEcQFjAA&url=http%3A%2F%2Fwww.bak.de%2Fuserfiles%2Fbak%2FNotifizierung%2520Studiengaenge%2FBAK%2520Leitfaeden%2FArchitekten.pdf&ei=P4fvT5_QN4rRsgb-meT2Dg&usg=AFQjCNEWLnnjlYraFyIxbI-vYa18IBvA3A&sig2=D8wYCEdi8aknbDvt-qpkWA (Zugriff am 07.08.2012)

[25] bezeichnet hier nicht nur schriftliche Texte sondern auch gesprochene Texte.

[26] *Amtliche Mitteilungsblatt* von TU Berlin, Fachgebiet Architektur
http://www.tu-berlin.de/uploads/media/AMBl-TU-2008-14.pdf (Zugriff am 08.07.2012)

Ländern kommen, die zur deutschen Kultur eine große Distanz haben und aus denen sie ein anderes Hintergrundwissen mitbringen. Nach Kupsch-Losereit ist das Erfassen und Verstehen des kulturfremden Orientierungssystems/Baukulturstandards ohne Erwerb von kommunikativ-prozeduralem Wissen nicht möglich (vgl. Kupsch- Losereit: 2003).

Die Schwierigkeiten mit dem Baurechtmodul wurden zum Beispiel in den Interviews meiner Untersuchung mehrmals erwähnt, ich werde sie im Anschnitt über die subjektiven Bedürfnisse der Studierenden weiter ausführen.

Weil das Fachgebiet viele Disziplinen umfasst, müssen die Architekturstudierenden noch viele obligatorische Fächer aus den Bereichen Physik, Mathematik und Geschichte abschließen[27], die ebenfalls eigene Fachsprachen besitzen.

Produktive Sprachhandlungskompetenz

Im Leitfaden wurde einige Male konkrete sprachliche Handlungskompetenz verlangt. Z.B. werden als Subkompetenzen der *Entwurfskompetenz* genannt:

- „Die Fähigkeit, Informationen zu sammeln, Probleme zu definieren, Analysen anzuwenden, kritisch zu beurteilen und Handlungsstrategien zu formulieren
- Die Fähigkeit, kreativ zu denken und die Leistungen anderer an der Planung Beteiligter zu steuern und zu integrieren
- Die Fähigkeit analoge und digitale, graphische und modellbautechnische Fertigkeiten einzusetzen, um ein Entwurfsvorhaben zu analysieren und zu entwickeln, sowie dies anschaulich zu vermitteln.“

Die Fachunterrichtsbeobachtung und die Interviews mit den Architekturstudierenden an der TU Berlin zeigen, dass die Studierenden außer dem Instrumentwissen noch viele fertige Produkte anderer Architekten kennenlernen müssen, bevor sie selbst eine Architektur entwerfen können. Allerdings kommt „die Begegnung und die Erfahrung mit wichtiger und bedeutungsvoller Architektur [...] vorwiegend auf indirektem Wege

[27] Siehe auch die Prüfungsordnung von den Bachelorstudiengang Architektur an der TU Berlin

zustande: Sie wird in Texten, Bildern und Filmen vermittelt, die an die Stelle des realen Objekts seine Darstellung setzen. Dabei kommt den Texten, also der geschriebenen oder gesprochenen Sprache, eine besondere Rolle zu: Sie beschreiben, analysieren, kritisieren, evaluieren und interpretieren das Werk, das für sich selbst nicht ′sprechen′ kann, weil es nicht präsent ist, und weil die jeweiligen bildhaften oder filmischen Darstellungen nur ausschnitthafte oder perspektivisch verkürzte Ansichten vermitteln können." (Dreyer, 1997. S. 2)

Der Leitfaden nennt *Teamfähigkeit* als *Schlüsselkompetenz* am Ende der Anforderungen, welche ebenfalls als wichtige Komponente der Handlungskompetenz verstanden wird. Darüber wird im folgenden Abschnitt Konkreteres geschrieben.

3.1.3 Erwartungen und Situationseinschätzung des zukünftigen Berufslebens

Obwohl unter dem Hochschulbildungsrahmen die Kommunikationskompetenz der Architekturstudierenden durch die verschiedenen Sozialformen des Studiums trainiert wurde, sind dieses Trainings noch zu lückenhaft, um später als ArchitektIn tätig zu sein, besonders als ausländische ArchitektIn in Deutschland,. Von jemandem, der vor hat, ArchitektIn zu werden, wird gefordert, dass er mindestens zwei Jahre lang eine berufspraktische Tätigkeit ausgeübt hat. Im Übrigen hat man nur dann die Möglichkeit, sich in der sogenannten Architektenliste des jeweiligen Bundeslandes einzutragen. Für die Bestimmung des objektiven Sprachbedarfs ist die Erwartungen des Berufsfeldes, des Arbeitsmarkts und der Berufswirklichkeit des Architekturbereiches von großem Belang.

> „Zielführend sind Bedarfsanalysen allerdings erst dann, wenn ihnen tatsächlich für die Lernergruppe relevante berufliche Verwendungssituationen zugrunde liegen [...]" (Funk, 2010, S. 1148)

Mögliche Lernziele in einem studienbegleitenden fachsprachlichen Kurs können sich nicht nur am Studienziel der Uni orientieren, sondern müssen auch die Berufsrealität, mit der die ausländischen Architekten von Anfang der Arbeit an in Deutschland konfrontiert sind, berücksichtigen.

Im Rahmen dieser Arbeit ist es leider nicht möglich, eine umfassende Zustandsbeschreibung der Kommunikation im Architektenberuf zu geben. Es liegen weder Kenntnisse aus dem Architekturstudium noch Erfahrungen mit dem Beruf des Architekten vor.

Auf der Grundlage von

- Literatur von Professoren der Architekturvermittlung, die sich lange Zeit mit der Kommunikation zwischen Architekten und Laien beschäftigt haben,
- Erfahrungen der aktive Architekten,
- Werbeunterlagen der Weiterbildung der Bundesarchitektenkammer

wird im Folgenden gezeigt werden, dass zwischen der universitären Architekturausbildung und der Berufspraxis der Architekten eine Diskrepanz herrscht

3.1.3.1 Kommunikation im Arbeitsteam

Architektur, wie im Kap.3.1.2. beschrieben wurde, ist ein sehr übergreifende Fachrichtung. Die Arbeitsmöglichkeiten für ArchitektInnen nach Abschluss variieren dementsprechend auch sehr. Das tatsächliche Sprachverhalten im Berufsleben von Architekten ist sehr vielfältig und komplex. Im Folgenden werden mögliche Berufsfelder aufgeführt, die ich entsprechend den Onlineressourcen und den unveröffentlichten Gruppenarbeitsergebnissen meiner KommilitonInnen zusammengefasst habe.

- Planungs- und Baubehörden
- Bauwirtschaft
- Standort- und Projektentwicklung
- Immobilienwirtschaft
- Forschung
- Gestaltungsbüro (Multimediagestaltung, Animation, Video etc.)
- Führung eines Architekturbüros oder andere eigenverantwortliche Tätigkeiten[28]

[28] Zusammenfassung nach wikipedia *Arbeitsfeld von Architekt*:

Nach dem Berufsbild im *Berufe-Lexikon* sind Architekten in der Regel in Architektenbüros angestellt oder freiberuflich tätig. Darüber hinaus gibt es Beschäftigungsmöglichkeiten im öffentlichen Dienst (z.B. in der Bauverwaltung), Bauunternehmen und Wohnungsbaugesellschaften. [29]

Daran kann man ersehen, dass heute, gleich ob sie in einer Behörde, einem Büro oder Unternehmen tätig sind, meistens in einem Team zusammen arbeiten müssen. Das Berufsbild von Architekten hat sich seit dem Ende der Achtzigerjahre stark geändert. Die Vorstellung, dass sich die Architekten individuell mit dem Material auseinandersetzen und die Notwendigkeit der Kommunikation mit Dritten folgerichtig im Wesentlichen als Störung sehen, entsprach der Wirklichkeit des Entwerfens schon früher kaum und war auch weit von der tatsächlichen Praxis entfernt (vgl. Rambow 2004, S. 1). Architektur ist wie oben beschrieben ein umfassendes Fachgebiet, und es ist unbestritten, dass so unterschiedliche Wissensgebiete wie Recht, Wirtschaft, Technik, Kunst und Sozialwissenschaft potenziell relevant für die Architektur sind. Es wäre kaum zu erwarten, dass eine einzelne Person einen_ wenn auch nur oberflächlichen_ Überblick über den Wissensstand in allen diesen Gebieten haben kann. Deswegen ist die unterschiedliche Spezialisierung von Mitgliedern eines Teams auf bestimmte Aspekte eine Möglichkeit, mit so vielen Wissensgebieten umzugehen. Das stellt eine hohe Anforderung an die Fähigkeiten der einzelnen Akteure, *ihr Wissen aufgabenspezifisch und verständlich verfügbar zu machen und auszutauschen* (vgl. Rambow 2004, S. 2).

Damit die Architekten aus verschiedenen Spezialgebieten in der Arbeitsgruppe sich miteinander gut verstehen und effektiv und effizient zusammenzuarbeiten, bietet die Architektenkammer in Berlin eine Reihe vonn Seminare über kommunikative Kompetenz an. Eines davon heißt *Zusammenarbeiten als kommunikative Aufgabe*. Am Anfang des Seminar-Flyers steht:

---

http://de.wikipedia.org/wiki/Architekt#Arbeitsfelder (Zugriff am 07.08.2012)
und dem Text: *Welche Studiengänge sich lohnen* im Stern:
http://www.stern.de/wirtschaft/job/mit-der-stern-jobampel-ins-richtige-studium-welche-studiengaenge-sich-lohnen-539568.html?fb=31 (Zugriff am 07.08.2012)

[29] http://www.berufe-lexikon.de/berufsbild-beruf-architekt.htm (Zugriff am 07.03.2012)

> „Architekten steuern und gestalten vielfältige Planungs- und Bauprozesse und arbeiten mit einer Vielzahl an Planungs- und Baubeteiligten zusammen. Das zeichnet sie aus und stellt zugleich hohe Anforderungen an umfassende Kompetenzen, insbesondere an die des kommunikativen, professionellen und verlässlichen Umgangs miteinander." (Detailierte Information zur Seminar *Zusammenarbeiten als kommunikative Aufgabe* auf der Webseite der Architektenkammer Berlin[30])

Die Fähigkeit zur Kooperation ist eine zentrale Herausforderung für das Architektenbüro von morgen (aus dem Flyer des Seminars von Architektenkammer Berlin). Nach Meinung vieler eingetragener Architekten in Deutschland ist die Kommunikationsfähigkeit jedes einzelnen Architekten im Arbeitsteam unverzichtbar für das erfolgreiche wirtschaftliche Unternehmen der Arbeitsgruppe:

> „Voraussetzung für ein funktionierendes Bauteam ist die Bereitschaft zur Zusammenarbeit. Die Akteure müssen aus diesem Grund Kenntnisse im Bereich Kommunikation und soziales Verhalten vorweisen können." (Wehrle 2010, S.180)

> „Ein normales überlebensfähiges Büro bietet qualitätsbewusst spezifizierte Leistungen an [...] korreliert zuverlässig mit fachübergreifenden Disziplinen [...] und verliert nie die Fähigkeit zu Kommunikation und Diskurs." (Dechau 1997, S.73)

3.1.3.2 Kommunikation mit Nichtarchitekten

In vielfältigen Arbeitssituationen sind Architekten täglich mit einer Vielzahl von kommunikativen Herausforderungen bis hin zu Konflikten konfrontiert, nicht nur mit ihren KollegenInnen, sondern hauptsächlich mit den Auftragsgeber oder Kunden, denen Architektur eher fremd ist. Die Architekten müssen mit Menschen mit unterschiedlichen Charakteren, Vorstellungen, Meinungen und Bedürfnissen umgehen.

> „Auf der einen Seite müssen Architekten bauen, wenn sie wirtschaftlich überleben wollen. Um bauen zu können, sind sie auf Aufträge von Personen oder Institutionen angewiesen, die hauptsächlich architekturfremde (wirtschaftliche, poltische, nutzungsbezogene) Ziele verfolgen. Insofern ist Architektur immer fremdbestimmt." (Rambow 2004, S.4)

Bei der Durchführung von Planungs- und Bauprozessen geht es immer auch um die Wahrung der eigenen Interessen vor dem Hintergrund der Interessen Anderer, d.h. um einem

30 http://www.ak-berlin.de:8080/publicity/ak/internet.nsf/tindex/de_af_mk_2012.htm?OpenDocument&D3A0121E74480888C12579C800372105 (Zugriff am 07.08.2012)

Ausgleich, der oft viele Verhandlung zwischen Architekt und Nichtarchitekt erfordert. Um unter diesen Bedingungen eigene Interessen effektiv durchzusetzen und professionell zu verhandeln, werden Kommunikationsfähigkeit und Verhaltensstrategie benötigt. z.B. potenziell interessenorientiertes Verhandeln mit dem Auftragsgeber, zum Beispiel über das Honorar. Da man nicht in den Kopf des Partners hinein schauen kann, ist man hierbei auf Vermutungen angewiesen, die man aber zumindest bei der direkten persönlichen Kommunikation durch Nachfragen und der Beobachtung des Partners überprüfen kann.

Außer über Verhandlungskompetenz mit ihren Kunden müssen die Architekten noch über die wichtige Kompetenz der professionellen Moderation verfügen.

> „Wenn es um Vorbereitung und Durchführung von Planungs- und Bauprozessen geht, kann sich eine professionelle Moderation in vielen Fällen als wesentliche Unterstützung und Voraussetzung für den Erfolg des Prozesses erweisen. Architekten sind häufig – freiwillig oder unfreiwillig – in der Rolle des Moderators: Sie leiten Baubesprechungen und Teamsitzungen. Dabei kommt es darauf an, diese sowohl zielorientiert als auch strukturiert zu führen, dabei die Kompetenzen aller Teilnehmenden zu nutzen und auf diese Weise ein produktives Arbeiten zu ermöglichen.“ (Aus dem Flyer des Seminar *Kommunikative Kompetenz: wirksam moderieren* des Architektenkammer Berlin)

Zusammenfassend lässt sich sagen, dass die Qualität von Architektur durch Kommunikation gesichert werden kann. Architektur muss an unterschiedliche Zielgruppen vermittelt werden. „Der Architekt muss darauf vorbereiten sein, seine Entwurfsideen jederzeit verständlich und überzeugend zu erläutern. Die Arbeitgeber eines Architekturbereichs erwarten, dass die Absolventen von Hochschulen und Universitäten wissenschaftliche Grundlagen und berufsfeldbezogenes Fachwissen genauso beherrschen wie soziale Kompetenz, Teamfähigkeit und Kommunikationsfähigkeit.“ (Sorge 2010, S.153)

3.2 Subjektive Sprachbedürfnisse im Architekturstudium

Nach Hutchinson und Water (s. Kap. 1.3), der u.a. als Sprachwissenschaftler mit Sprachbedarfsanalyse beschäftigt ist, sollte Sprachbedarf hinsichtlich zweier Aspekte untersucht werden. Die kommunikative Anforderungen von Seiten der Universität und des Arbeitsplatzes sind der objektive Bedarf. Die subjektiven Sprachbedürfnisse bezeichnen dagegen „die individuellen Vorstellungen, die Sprachenlernende in Bezug auf ihre aktuellen fremd- bzw. zweitsprachlichen Kenntnisse haben, und die damit verbundenen Verbesserungswünsche und zukünftigen Lernschwerpunkte“ (Haider 2010, S. 132). Die Bestimmung der Sprachbedürfnisse im Architekturstudium beruht auf der Auswertung der qualitativen Interviews mit den ausländischen Architekturstudenten an der TU Berlin, d.h. mit Personen, die schon erfolgreich die sprachlichen Zulassungsprüfung bestanden haben und sich bereits in dem entsprechenden Fachstudium befinden. Im Zentrum der Interviews standen ihre Sprachanwendungserfahrungen, erfolgreichen oder missglückten Sprachhandlungen und aufgetretene Schwierigkeiten sowie ihr Blick auf die Bedeutung kommunikativer Kompetenz im Architekturstudium.

Die ausführliche Erläuterung und Kategorisierung der sprachliche Probleme sollte das Grundgerüst für die Bestimmung der sprachlichen Anforderungen aus Sicht der Betroffenen bieten. (vgl. Haider 2010. S. 213) In der Darstellung der Ergebnisse, die weitgehend den Themengebieten im Interviewleitfaden (s. Kap.2.2.2.2) folgt, geht es mir vor allem darum, ausländische Architekturstudenten als ExpertInnen für den Architekturfachbereich anzusehen und ihrer kritischen Einschätzung des Architekturstudium an der TU Berlin breiten Raum zu geben. Dies soll durch die Zitate aus den Interviews gewährleistet werden. Alle Interviews wurden in der Muttersprache des Befragten, nämlich Chinesisch durchgeführt und von mir selbst in die deutsche Sprache übersetzt, deswegen sind es keine wörtlichen Zitate aus den Original-Interviews. Die meisten zitierte Antworten sind keine Transkription des Gesprächs im engeren Sinne. Es sind nur globale Übersetzungen der Antworten der Befragten, die umgangssprachliche Merkmale und das nonverbale Geschehen ignorieren.

3.2.1 Aus den Studienerfahrungen der ausländischen Architekturstudierende

3.2.1.1 Studienanfang mit unzureichenden Deutschkenntnissen

Lan: „Am Anfang des Studiums blieb ich immer lieber mit chinesischen Kommilitonen zusammen. Wir saßen im Seminar zusammen, bei der Gruppearbeit zusammen, blieben zum Einkaufen und in anderen Lebenssituationen immer zusammen [...]“

„Wenn ich zur nächsten Woche etwas präsentieren musste, bekam ich diese Woche großen Stress! Ich kann zwar meine Präsentation bis zum Ende führen, aber während der Fragestellungsphase gerate ich wieder ins Stocken, wenn ich die Antwort nicht vorher ins Deutsche übersetzt habe. [...] Als ich im DSH-Vorbereitungskurs war, hatte ich fast niemals einen fachlichen Text aus dem Bereich Architektur gelesen, [...] Für Architekturstudenten gibt es ein obligatorisches grundlegendes Seminar *Tragwerkslehre*, aber als ich damals mein Studium selbst organisierte, wusste ich gar nicht, dass ich dieses Seminar während meines Bacholerstudiums in China schon absolviert hatte und habe ich damals das nochmal gewählt! Später, am ersten Tag des Seminars habe ich gemerkt: Achso, das ist Tragwerkslehre!"

Gute Deutschkenntnisse spielen schon beim Studienanfang eine wichtige Rolle. Sie geben gewissermaßen eine Grundsicherheit, die diese generell sensible Phase erleichert. Lan, die oben zitierte ausgebildete Architekturstudentin mit dreijähriger Berufserfahrung, brachte diese Voraussetzung damals nicht mit. Diese Unsicherheit lässt sie am Anfang des Studiums mit ihren Landsleuten zu engen Kontakt aufnehmen und verringert ihre Integrationschancen mit den deutschen Kollegen. Dadurch wird ihr Sprachverbesserungsprozess zusätzlich verzögert.

Während des Interviews mit dem Sprachdozenten Herrn Zimmermann hat dieser auch über das Problem berichtet: „Die ausländische Studenten, die im Studentenwohnheim wohnen, lernen langsamer als die Studenten, die allein oder in einer deutschen WG wohnen. Sie bilden immer eine eigene Landesgruppe mit eigenen Unternehmungen wie z.B. chinesisches Wochenende, spanische Nacht usw."

Auch die Befragten, die schon vor dem Studium mit der Umgebung in Deutschland vertraut waren und sich relativ gut in die Gesellschaft integrierten, fühlten sich immer noch sehr unsicher am Studienanfang, weil sie über nicht genug Fachsprachenkenntnisse für das Studium verfügten.

Hong: „Nach der Ankunft in Deutschland konnte ich überhaupt nicht verstehen, was der Mitarbeiter in der Bank oder im Supermarkt sprach. Aber während des Studienkollegs in Deutschland, also in dieser Umgebung, fand ich allmählich das sogenannte Sprachgefühl und habe viele Freunde aus anderen Ländern kennengelernt. Die sind sehr nett, wir gehen zusammen ins Cafe oder machen zusammen einen Ausflug [...] Was interessant ist, ich kann die Leute, die aus anderen Ländern kommen, besser verstehen als die aus Deutschland! [...] Ganz am Anfang meines Studiums war ich total überfordert, die Vorlesung kann ich meistens nur durch die Bilder und die PPT verstehen. Von der Bildinterpretation des Professors kann ich wenig verstehen [...] aber zum Glück schickte uns der Professor jedes Mal nach der Vorlesung die PPT oder das Skript und ich konnte zu Hause ruhig mithilfe des Wörterbuchs nochmal nachdenken und alles wiederholen."

Hong, die zitierte Masterstudentin aus der Fachrichtung Architektur an der TU Berlin, war nach dem einjährigen Studienkolleg in Deutschland schon mit der Umgebung vertraut und hat auch die deutsche Sprachprüfung für die Hochschulaufnahme bestanden, aber die Sprache des Studiums, wie sie z.B an der Uni in Vorlesungen, Seminaren verwendet wird, waren ihr noch sehr fremd. Die Fachtextsorte „Vorlesung" wird als eine lautlich realisierte, geschriebene Fachsprache bezeichnet. Die Studentin kann nur mit Hilfe des Wörterbuchs den verpassten Inhalt nach dem Unterricht nochmals „lesen", was aber eine sehr lückenhafte Wiederholung ist. Aus diesem Grund gelingt es ihr wahrscheinlich nicht, während einer Vorlesung oder eines Seminars mitzuschreiben. Nach Mehlhorn (2005, S. 89) „können Studierende durch das Mitschreiben in Lehrveranstaltungen ihre Aufmerksamkeit steigern, das Gehörte verarbeiten, wichtige Fakten und Argumentationen fixieren und somit die Grundlage für eine spätere Nachbereitung der Veranstaltung legen." Deswegen führt solche lückenhaftes Zuhören sehr wahrscheinlich zu einer ebenso lückenhaften Wissensstruktur.

Nicht nur die offizielle Veranstaltungssprache macht es den ausländischen Studierenden schwer. Folgendes Beispiel zeigt, obwohl es kein Problem mit dem Verstehen der Lehrveranstaltung darstellt, dass sich ein weiteres Hindernis zu Beginn des Studiums einstellt: Die tägliche Umgangssprache mit den KommilitonInnen und Umgang mit Humor.

Li Ming: „Am Anfang meines Studiums war es schwer, mit den deutschen Kommilitonen zu kommunizieren: Ich konnte die Aussagen des Professors verstehen, aber wenn die deutsche Kommilitonen ihre eigenen Meinungen zum Seminar äußerten und sich manchmal sich mit dem Professor stritten, idann wusste ich meistens überhaupt nicht, was da gerade passiert [...] Während der Gruppearbeit reden manche deutsche Kollegen super schnell in Umgangsprache und machen auch manchmal viele Witze. Das nervt mich.“

Das Nichtverstehen der Umgangsprache und das falsche Reagieren auf Witze, die von KommilitonInnen gemacht werden, erzeugt zusätzliche Unsicherheit, was eine gelungene Kommunikation auf den Veranstaltungen behindert. Was noch merkwürdig ist: Alle drei Befragten äußerten sich während der Interviews mehr oder weniger über die ihrer Auffassung nach geringe Bedeutung des Fremdsprachen Lernens für die Fachrichtung Architektur.

Li Ming: „Ich finde, ein chinesischer Student hat keine Möglichkeit, am Anfang des Studiums die Vorlesung oder die Seminare zu verstehen. Ich habe noch nie gehört, dass das jemand schaffen kann. Ich denke, frühestens nach einem Jahr (kann man das vielleicht schaffen). Architektur gehört zur Raumkunst, normalerweise widmen die Kunststudenten dem Malen, dem Entwurf oder dem Modellbau mehr Zeit. Das Sprachlernen ist ein ganz anderes System für den Kopf der Künstler! Viele haben eine negative Meinung dazu.“

Hong: „Naja, wie sagte man, die Sprache ist für Architektur zwar wichtig, aber wenn wir unsere eigene Meinung nicht klar ausdrücken können, können wir noch malen oder zeichnen! Wenn nicht, können wir immer noch mit Gestik oder Mimik weiter erklären, die sind noch lebendiger.“

Architektur ist in China ein künstlerisches Fach, in den Vorstellungen der Kunststudierenden benötigt dieses Fach nicht so viele Sprachkenntnisse. Gute Entwurfsideen und ausgezeichnete Maltechnik sind viel wichtiger als verbaler Ausdruck. Das verschafft den Studierenden keine Motivation, eine Fremdsprache zu lernen und lässt sie die eigene Sprachlernkompetenz pessimistisch beurteilen. Um sich an einer deutschen Hochschule einschreiben zu können, haben sie zwar die entsprechende Sprachprüfung bestanden, aber sie lernen die Sprache nicht interaktiv, sondern nur passiv. Das erschwert den weiteren Spracherwerb für die Zielsituation.

Die Aussagen der befragten Architektur-MasterstudentInnen an der TU Berlin zeigen, dass die sprachliche Unterstützung beim Studienanfang nicht systematisch und flächendeckend erfolgte. Die fachsprachliche Unterstützung ist überhaupt nicht vorhanden. Sie zeigten sowohl die Schwierigkeit beim Zuhören bei den offiziellen Lehrveranstaltungen, als auch die Schwierigkeit bei der privaten Kommunikation. Am Anfang des Studiums werden sie dabei mit einer Situation konfrontiert, die auf ihre sprachlichen Bedürfnisse als Studienanfänger wenig bis keine Rücksicht nimmt. Die unzureichenden Sprachkenntnisse führten sowohl zu Unsicherheit beim Erwerb des Fachwissens, als auch zu Zweifeln an sich selbst.

3.2.1.2 Fachmagazine werden am häufigsten während des Architekturstudiums gelesen

„Die Auseinandersetzung mit der Fachliteratur gehört zu den wichtigsten Aufgabengebieten einer jeden Studiums“ (Schneider, 2010. S. 52). „Texte sind die stoffliche Basis für Wissenserwerb und Könnensentwicklung im Fremdsprachenunterricht“ (Grein u.a. 1997, S. 7). Wenn man Sprachbedarf in einer Studienfachrichtung analysieren will, muss man wissen, mit welcher Textsorte die Zielgruppe am häufigsten konfrontiert wird. Durch die drei Interviews mit den Architekturstudenten und die Fachunterrichtsbeobachtungen im Architekturbereich wird langsam klar, dass die Lehrbücher für das Architekturstudium nicht so wichtig sind wie für andere Fächer. Besonders nachdem die Studierenden das grundlegende Wissen in Mathematik und Bauingenieurwissen schon beherrschen und sich bereits im Hauptstudium befinden, oder wenn sie schon einige Berufserfahrungen auf dem Architekturgebiet gesammelt haben, ist das so. Denn dann werden die Lehrbücher eher als zusätzliche Hilfsmittel oder Nachschlagwerke an 2. Stelle stehen. Die aktuellen Fachpublikationen zeigen die gegenwärtigen Entwicklungstendenzen auf dem Gebiet der Architektur weltweit auf. Sie liefern den zukünftigen Architekten die neuesten Ideen und die Inspirationen.

Hong: „Was ich zum Studium am häufigsten lese, sind natürlich Magazine, z.B. *Bauwerk*, denn wir müssen die Stile und Ideen von berühmten, erfahrenen Architekten aufnehmen, erst dann können wir eigene Idee haben. Inspiration kommt nicht automatisch, sondern durch mehr Betrachten und mehr Nachdenken, so lerne ich. Viele Berichte für die Jahresausstellung sehe ich auch sehr häufig an, [...] Das Lehrbuch lese ich nicht gerne, aber natürlich, für Präsentation oder Prüfungen suche ich auch in einigen relevanten Lehrbüchern für Bauphysik oder Baurecht, aber normalerweise habe ich nach dem Lesen einer Seite kein Bock mehr."

Li Ming: „In die Lehrbücher gucke ich ganz wenig, die sind zu theoretisch und abstrakt, z.B. *Das Handbuch für Konstruktion*, außer für Prüfungen oder die vom Professor ausgezeichnete Seite, schaue ich fast nie an. Ich lese ganz oft Magazine.Die Beschreibungen darin sind normalerweise nicht so fachlich, der Inhalt ist sehr aktuell und auch populär [...] die Berichte über den aktuellen Wettbewerb werde ich auch ansehen, es ist wichtig für ein Architekten, den aktuellen Entwicklungstendenzen auf der Welt zu folgen."

Lan: „Am häufigsten lese ich fachliche Magazine aus dem Architekturbereich, darin gibt es Interviews mit berühmten Architekten oder Berichte ihrer Entwurfspläne, die für uns sehr nützlich sind. Z.B. *Baunetz, Bauwerk* [...]Populärliteratur z.B. Romane, *Der Spiegel* oder Tageszeitungen, lese ich ganz wenig."

Das fachbezogene Magazin als aktuelle komplexe Quelle fürs Lernen wird von den Architekturstudenten bevorzugt. Anderes Lehrmaterial wird ebenfalls verwendet. So hatte der Professor in der Vorlesung Darstellende Geometrie ein Skript auf das Online-Lernforum hochgeladen, damit die Studierenden selber nachschauen und es wiederholen können.

3.2.1.3 Sprechen, Hören und Lesen sind im Architekturstudium wichtiger als Schreiben

Während der Interviews haben die Befragten über viele Situationen sehr lebendig berichtet, in denen sie Deutsch benötigen. Die meisten Situationen handeln dabei vom Sprechen und Hören. Lesen müssen sie auch manchmal, aber übers Schreiben haben sie fast keine Situation initiativ erwähnt. Schreibkompetenz wird von ihnen eher unterbewertet.

Ming: „Wenn du keine gute Ausdrucksfähigkeit besitzt, kannst du deine Resultate nicht richtig und komplett präsentieren. Auch wenn der Professor dein gezeichnetes Bild zu verstehen scheint, hat er vielleicht etwas ganz anderes verstanden, als du eigentlich gemeint hast. [...] Wir müssen sehr oft miteinander kommunizieren, da ein Projekt nicht von einer Person allein entwickelt wird. Ein Architekt arbeitet nie alleine, das ist immer eine Gruppearbeit. [...] Sprechen, Hören und Lesen sind fast gleich wichtig, auf jeden Fall ist Schreiben am unwichtigsten, wenn du später keiner Architekturtheoretiker werden willst."

Lan: „Gruppenarbeit ist die am häufigsten vorkommende Arbeitsform unseres Studiums, vielleicht ist sie viel intensiver als die in eurer Geisteswissenschaft. Manchmal diskutieren wir den ganzen Tag [...] Bei der Gruppearbeit ist Hören sehr wichtig: falls die anderen dich verstanden haben, aber du hast die anderen falsch verstanden hast, führt das zum Misserfolg des ganzes Projektes. [...] Wenn mehr als vier Leute in einer Gruppe zusammenarbeiten, dann ist das der schlimmste Fall für die ausländischen Studenten. Die Deutschen streiten, quatschen, reden miteinander sehr schnell, die Chinesen wollen normalerweise nicht mit den anderen streiten, in diesen Fall kann ich nur daneben sitzen und ruhig Bilder zeichnen, und das Endprodukt beinhaltet normalerweise gar keine Meinung von mir, weil sie denken, dass ich keine Meinung dazu habe! Das ist für mich sehr frustrierend."

Neben der Kommunikation mit den Partnern und Gruppenmitgliedern wurde auch die öffentliche Kommunikation in Vorlesungen und Seminaren beschrieben. Es ist nicht immer einfach, aus dem mündlichen Vortrag die wichtigsten Informationen herauszufiltern, zu denen der Studierende in einem weiteren Schritt sinnvolle Notizen anfertigt, um damit arbeiten zu können. Für viele Vorlesungen gibt es zusätzlich schriftliches Begleitmaterial, das gleichzeitig neben dem Hören beachtet werden muss. Gehörte und gelesene Informationen gleichzeitig zu verarbeiten, stellt eine weitere Herausforderung dar.

Hong: „Was für mich am wichtigsten ist, ist Hören: in den Vorlesungen hat man keine Chance den Professor zu unterbrechen, manchmal musste ich die Wörter, die auf den Folien stehen oder vom Professor gesagt wurden noch im Wörterbuch nachschlagen, [...] danach merkte ich, was ich nicht verstanden habe, aber dann ist es schon vorbei."

Lan: „Im Seminar versuche ich manchmal die Frage des Dozenten zu beantworten, einige Male hatte ich das Gefühl, sehr gut geantwortet zu haben. Aber danach merkte ich, dass meine Antwort den gefragten Punkt gar nicht berührt hatte! Das bedeutet, dass ich die Frage des Dozenten nicht richtig verstanden oder missvertsanden hatte."

> „Für den Verstehens- und Lernprozess stellt es ohnehin eine Erschwernis dar, relativ anspruchsvolle, abstrakte Sachverhalte nur im Medium der gesprochenen Sprache zu verarbeiten. Hier fehlen alle die Hilfsmittel, die die geschriebene Sprache zur Verfügung stellt, so z.B. die Wiederholbarkeit durch mehrfaches Lesen, die Möglichkeit des Lerners, das Tempo des Aufnahmeprozesses von Lernstoff selbst zu bestimmen. Das gesprochene Wort ist flüchtig und vergänglich; nicht der Lerner bestimmt das Rezeptionstempo, sondern der Dozent - und das kann für das Verständnis recht hinderlich sein." (Steinmüller 1991)

Über das Schreiben haben die Befragten folgendes eingeschätzt:

Hong: „Während des Bachelorstudiums schreiben wir sehr wenige Texte. Du weißt, dass die Hauptaufgabe des Architekturstudiums Zeichnen ist. Im Masterstudium schrieben wir manchmal Analysen zu den fertigen Kunstwerken oder zur Architektur, aber die Professoren wussten ja, dass wir Ausländer sind, deswegen waren sie nicht so streng mit der Sprache. Wenn wir klar ausdrückten, was wir sagen wollten, ging das schon."

3.2.1.4 Das Baurechtmodul erschwert das Studium besonders

Wie im Kapitel 3.1.2 *Kommunikative Anforderungen im Architekturstudium* erwähnt wurde, ist das Baurechtmodul obligatorisch für die Architekturstudierenden an der TU Berlin. Im Interview mit Herrn Baumann erfährt man, dass der Baurechttext nicht nur die ausländischen, sondern auch für die muttersprachlichen Studierenden kompliziert ist.

Baumann: „Und dann haben sie noch einen Bereich dabei, denn finde ich total blöd, der den Teilnehmern ganz große Schwierigkeiten macht, wie im übrigen auch den deutschen Teilmehmern. Das ist der ganze Bereich Gesetztestexte, wie die Architekturbauvorschriften, Umweltvorschriften, usw., was eine ganz, ganz große Rolle spielt. Diese Texte bereiten selbst den Muttersprachlern ganz große Probleme [...] es ist teils juristische Fachsprache, ist Verwaltungsfachsprache zum Teil [...] Ich habe versucht, Texte aus diesen Bereichen hineinzunehmen (in den Fachsprachkurs), aber damit bin ich bislang gescheitert, weil diese Texte einfach ziemlich kompliziert sind für die Teilnehmer. Ich habe da großen Frust gefühlt. Ich denke, dass die Teilnehmer noch frustrierter sind. Deshalb bin ich eher vorsichtig mit diesen Texten.[31]“

Aus der Perspektive der ausländischen Studierenden kommen die Schwierigkeiten des Baurechtmoduls nicht nur aus der sprachliche Ebene, sondern vielmehr aus dem fehlenden gesellschaftlichen Hintergrundwissen.

Hong: „Vom Beginn des Bachelorstudiums an gab es das Baurechtmodul, was für mich immer das schwierigste Fach ist, denn in China habe ich das gar nicht gelernt. Ich habe keine Ahnung von den verschiedenen Begrifflichkeiten. Was diese im chinesischen Kontext bedeuten, weiß ich auch nicht!“

[31] Weil das Interview mit einem Muttersprachler durchgeführt wurde, wurde das Wort für Wort nach dem Originale Gespräch transkripitiert.

3.2.2 Wünsche an den Fachsprachenunterricht Architektur an der TU Berlin

3.2.2.1 Fachspezifischer Wortschatz ist gefragt

Um die Qualität des Fachsprachenunterrichts für Architekturstudenten an der Zems zu verbessern und die Untersuchung ihrer subjektiven Bedürfnisse zu komplettieren, habe ich am Ende der Interviews nach dem Eindruck und den Wünschen der Teilnehmenden[32] zum Kurs gefragt: Wenn an der Uni dieser studienbegleitende Deutschunterricht für Architekturstudenten weiter angeboten wird, würden Sie daran weiter teilnehmen? Ja/ Nein, Warum? Und anschließend wurden sie weiter gefragt: Wie sollte der ideale Architektur-DaF Unterricht Ihrer Meinung nach aussehen?

Hong: „Wenn die Zems den Fachsprachkurs weiter anbietet, werde ich vielleicht immer noch teilnehmen, weil ich meine Deutschkenntnisse noch immer nicht so gut finde; aber ich glaube, bei dem Kurs gibt einen zu geringen Architekturfachwortschatz. Ökologie ist zum Beispiel ein wichtiges Thema in der modernen Architektur. Viele entsprechende Fachwörter sind für mich noch sehr fremd. Anderes Beispiel: Fachwörter aus dem Baustoffbereich kann ich nur sehr schwer mit eigenständigem Lernen erwerben, da ich sie sogar im Wörterbuch nicht finde [...] Der Kursleiter vermittelt viel oberflächlichen Wortschatz und viele Begriffe kommen aus der Stadtplanung, aber die werden im Architekturbereich nicht häufig benutzt."

Lan: „Den Kurs habe ich schon mal besucht, aber er bietet wenig Hilfe für mein Fachstudium,: Der Wortschatz, den uns der Dozent im Sprachkurs vermittelt, ist normalerweise nicht so wichtig [...] natürlich können die europäischen Studenten auch nicht alle Wörter verstehen, aber die können durch die Regel der Wortbildung selber raten. Wir Chinesen haben diese Möglichkeit nicht. Wenn wir das Wort nicht kennen, dann können wir das nur so vorbei lassen oder im Wörterbuch nachschlagen."

Daraus lässt sich ableiten, dass die subjektiven Bedürfnisse der Befragten in Bezug auf den Erwerb des Fachwortschatzes sehr hoch sind. Sie meinen, dass der Mangel an Kenntnis der Fachbegriffe das Verständnis der Lerninhalte sehr behindert.

[32] Die TeilnehmerInnen haben zufällig alle den Kurs schonmal besucht.

3.2.2.2 Sprachlehrkräfte mit passenden Hintergrundausbildung sind für FSU erwünscht

Eine weitere Anforderung ist, dass der fachspezifische Sprachkurs durch in gewissem Maße fachlich ausgebildete Lehrkräfte durchgeführt werden soll. Die Befragten kritisieren, dass die Sprachlehrenden keine Fachleute sind und geringe Vorkenntnisse in Architektur haben. Der Kurs richtet sich schließlich nicht nur an Architekturstudierende, sondern auch an die Studierenden der Stadt- und Regionalplanung sowie Urban Design. Deren Bedürfnisse sind mit denen der Architekturstudierenden nicht völlig identisch.

Ming: „Es wäre besser, wenn der Sprachlehrer einen Architektur- und Technikhintergrund besäße. Wir brauchen authentische Projekte zur Bearbeitung oder Analyse wie im Fachseminar unseres Fachgebietes. Außerdem finde ich, dass der Lehrer der Stadtplanung oder Sozialwissenschaft zu viel Augenmerk schenkt, was mir beim Architekturstudium wenig geholfen hat."

Ming: „Ja, zum ersten Semester habe ich schon mal diesen Sprachkurs besucht,. Der Lehrer ist gut, sehr ernsthaft und verantwortungsvoll. Allerdings ist er kein Fachmann. Er kennt die modernen Entwicklungstendenzen des Architekturbereiches nicht so gut. Ich möchte nicht immer die Texte, die schon lange vorher veröffentlicht wurden, während des Unterrichts lesen."

Lan: „Der Architektursprachunterricht soll nicht von einem nicht-fachlichen Lehrer durchgeführt werden [...] Er legte den Schwerpunkt zu sehr auf Stadtplanung."

Die obengenannten Ergebnisse resultieren nur aus meinen Interviews und die einigen Unterrichtsbeobachtungen, so dass sich Zufälligkeit und Subjektivität nicht vermeiden ließen.

3.3 Zusammenfassung und Interpretation der Ergebnisse

3.3.1 Objektiver Sprachbedarf

Nach dieser differenzierten Darstellung des Ergebnisses, die im Wesentlichen den ersten drei Leitfragen meines Untersuchungsdesigns gefolgt ist (s. Kap. 2.2.2.2), sollen nun die verschiedenen Datenstränge aus dem vorangegangenen Kapitel zusammengeführt werden. Die durchgeführte Erhebung hatte das Ziel, bisher nicht thematisierten sprachlichen Bedarf und Bedürfnisse im Architekturstudium der TU Berlin unter den Möglichkeiten einer Masterarbeit sichtbar zu machen.

Um den objektiven Bedarf noch vollständiger zusammenzufassen und auch die praktischen Situationen nach dem Architekturstudium zu berücksichtigen, wurden in der Untersuchung nicht nur die kommunikativen Ansprüche im akademischen Kontext betrachtet, sondern auch die grobe Anforderungen des Berufsfeldes an die kommunikative Kompetenz aufgelistet. Über welche kommunikativen Kompetenzen müssen Architekten verfügen, um Bau- und Entwurfsarbeiten erfolgreich durchführen zu können. Die kommunikativen Anforderungen an Architekturstudium auf dem Campus gleichen mehr oder weniger denen der anderen Fachrichtungen: *universitäre Diskursformen beherrschen* wie z.B. Vorlesung, Seminar folgen, Diskussion in der Gruppe, *kulturelle Besonderheiten* kennen und damit umgehen, Praktikumsbericht und Abschlussarbeit verfassen. Im Vergleich mit anderen Fachrichtungen sind die wichtigsten Unterschiede in den Anforderungen die interdisziplinäre Denkweise und die integrative Kompetenz, das technische und das geisteswissenschaftliche Wissen gut miteinander kombinieren zu können (s. Kap. 3.1.1)

Im Leitfaden wurde die *Teamfähigkeit* als Schlüsselkompetenz besonders erwähnt, wobei er die Erwartungen des Berufslebens in gewissem Maße wiedergibt. Allerdings sind die Anforderungen im Vergleich mit praktischen Arbeitssituationen noch nicht vollständig und situationsbezogen dargestellt (s. Kap. 3.1.2). Nach Auffassung des Experten im Bereich Architekturvermittlung Rambow und der Ankündigung der BAK für zusätzliche Ausbildungsveranstaltungen für Architekten besteht die Teamfähigkeit der Architekten nicht nur im effektiven Kommunizieren mit Menschen, die gleiches Hintergrundwissen und gleiche Ziele haben. Die Einübung von Teamarbeit unter den Studierenden auf dem Campus ist noch zu einseitig, um die Vielfalt der beruflichen Teamarbeit widerzuspiegeln. Wegen der Interdisziplinarität des Architekturbereichs wird in den wirklichen Arbeitssituationen das Kommunizieren zwischen verschiedenen Experten mit unterschiedlichen Spezialisierungen gefordert (s. Kap. 3.1.3). Wie man die selbst erstellte Arbeit für den anderen Experten verständlich und verfügbar machen kann, spielt ein sehr wichtige Rolle im Arbeitsalltag eines Architekturbüros. Die in Verhandlungen mit Nichtarchitekten, zum Beispiel zwischen Kunde und Auftragnehmer verwendete Sprache darf nicht vernachlässigt werdenVerhandlungen fallen schon in die Richtung Wirtschaftsprache: Ein Experte muss die eigene Sicht einem Laien erfolgreich „verkaufen" und damit wirtschaftlich überleben (s. Kap. 3.1.2).

3.3.2 Subjektive Sprachbedürfnisse

Im Rahmen der qualitativen Interviews wurden die subjektiven Sprachbedürfnisse aus dem Studium der Architekturstudierenden an der TU Berlin erhoben. Als zentrales Ergebnis diesen Erhebungen lässt sich Folgendes festhalten:

- Die meisten ausländischen Architekturstudenten (besonders die Studenten aus China) besitzen am Studienanfang in Deutschland nicht genug Deutschkenntnisse. Das erschwert das Studium und die soziale Integration. Darüber hinaus ergeben die Interviews, dass manche Architekturstudierende solche Mängel an Sprachkenntnissen in künstlerischen Studienfächern als ganz normal betrachten. Die Bedeutung der kommunikativen Kompetenzen für Architekten wurde von den Studierenden am Studienanfang nicht richtig erkennt.

- Fachmagazine als die häufigsten und beliebtesten Lesematerialien der Architekturstudierenden sollten von den SprachlehrerInnen in den Fachsprachenunterricht Architektur gezielt eingesetzt werden.

- Im Vergleich mit den Fähigkeiten zu sprechen, hören und lesen wird Schreibfähigkeit im Architekturstudium vergleichsweise wenig gefordert. Während der Interviews wurde Hörverständnis am häufigsten erwähnt. Für die Verfolgung von Vorlesung und Seminar oder für die Zusammenarbeit mit den KommilitonInnen benötigen die Studierenden hervorragende Hörverstehensfähigkeit in der Zielsprache. Die meisten Befragten wollten auch ihr Niveau von Hörverstehen erhöhen. Sprech- und Lesefähigkeiten wurden auch von den Befragten spontan als wichtig genannt, während die Schreibfähigkeit immer noch als „wenig benötigt" gekennzeichnet wurde.

- Das Fach *Baurecht* und die darauf bezogenen juristischen Fächer im Architekturstudium wurden sowohl von den Studierenden als auch vom Sprachlehrer des FSU als sehr schwierig betrachtet.

Wenn die Befragten über die Wünsche an den Sprachkurs an der Zems gefragt wurden, antworteten alle sehr schnell und ohne zu zögern: mehr Fachwortschatz über Architektur (s. Kap. 3.2.2.1.) Aus organisatorischen Gründe dürfen die Studierenden aus <u>allen</u> Fächer mit passenden Sprachvorkenntnisse an der TU Berlin am Fachsprachkurs teilnehmen. im Unterricht sitzen nicht nur die Studierenden aus der Fachrichtung Architektur sondern auch z.B. Studierende aus Stadtplanung, Urban Design, Geophysik sowie auch aus Ingenieurfächern wie Luft- und Raumfahrttechnik[33]. Angesichts solcher heterogener Zielgruppen hat der Lehrer nicht so viele Fachwörter speziell für Architektur in seinen Unterricht aufgenommen. Hinzu kommt der Zweifel an der Fachlichkompetenz der Lehrkraft. Die Befragten meinen, dass die fachliche Kompetenz des Lehrers nicht für den FSU der Architektur ausreicht (s. Kap.3.2.2.2).

33 Die Studienfächer der TeilnehmerInnen erhalte ich von der Unterrichtsbeobachtung.

3.3.3 Konzept des Fachsprachenunterrichts für Architektur an der Zems der TU Berlin und der Sprachbedarf der Architekturstudenten

Jetzt kehren wir zum Ausgangspunkt dieser Untersuchung zurück: Warum führte ich die Untersuchung durch? Wozu dient die Sprachbedarfsanalyse?

> „*Sprachbedarfsanalysen* dienen der Identifizierung berufsbezogener Sprachverwendungssituationen und der zu ihrer Bewältigung notwendigen sprachlichen und interkulturellen Qualifikationen und bilden eine Grundlage institutioneller und individueller Kursplanung (Funk 2010, S. 1148).

> „Den klassischen Sprachbedarfserhebung ist zumeist folgende Ausgangslage gemein: ein tatsächlich geplanter oder bereits stattfindener Sprachkurs für eine bestimmte Zielgruppe, der durch eine in Auftrag gegebene Analyse entweder im Vorfeld entworfen oder in der Praxis optimiert werden soll." (Haider 2010, S. 63)

Die Ergebnisse der Sprachbedarfsanalyse dienen schließlich der Planung oder der Optimierung des Fremdsprachenunterrichts. Ein spezifisches und detailliertes Curriculum für die Fachsprache Architektur kann im Rahmen einer Masterarbeit nicht erstellt werden, stattdessen werden im kommenden Text einige didaktische Vorschläge nach der Analyse des vorhandenen Sprachkurses in der Zems der TU Berlin gegeben.

„Die Befähigung zur effizienten Bewältigung von kommunikativen Handlungssituationen im Fach kann nur durch einen integrativen fachlich- fachsprachlichen (Fremd-) Sprachenunterricht erfolgen" (Baumann 2000, S. 159) Ob ein fachsprachlicher (Fremd-) Sprachenunterricht für die TeilnehmerInnen[34] angemessen ist, ist davon anhängig, ob in den Kursen hinreichend auf die speziellen Kommunikationsanforderungen, die die TN bewältigen müssen und die sie bewältigen wollen, eingegangen wird.

Wie am Anfang der Arbeit gesagt wurde, bietet die Zems der TU Berlin einen studienbegleitenden Fachsprachkurs unter dem Namen *Arbeit mit Fachtexten (C1) Architektur u. Planungswissenschafte* an. Alle TeilnehmerInnen meiner Untersuchung haben diesen Kurs besucht. Um herauszufinden, ob der Kurs ein bedarfsorien-

34 Im weiteren Text wird KursteilnehmerInnen mit TN ersetzt.

tierter Sprachkurs ist, welches die Schwierigkeiten und Herausforderungen für die Lehrkräfte sind und an welchen Stellen sie verbessert werden können, muss man das Konzept und den Unterrichtsverlauf dieses Kurses genau betrachten.

Unterrichtsbeobachtung am 25.04.2012 und 02.05.2012

Beobachtung allgemein: Für meine Untersuchung wurden insgesamt sechs Unterrichtseinheiten des Kurses beobachtet. Ich wählte zwei davon, deren Inhalt und Schwerpunkt nicht identisch sind. Theoretisch besitzen alle TN das B2-Sprachniveau, aber durch die Vorstellungsgespräche erkennt man, dass das Nive3au der Sprachfertigkeiten noch sehr heterogen ist. Die Studienfächer der TN sind sehr unterschiedlich: Stadtplanung, Urban Design, Geophysik, Bauingenieurwissenschaft, Luft- und Raumfahrttechnik sowie Architektur. Unter den insgesamt20 TN sind nur 6 TN, die Architektur studieren.

Die Beobachtung am 25.04. 2012 war die zweite Veranstaltung des Sprachkurses in dem Semester. Die TN haben den Kurs gerade begonnen. Den Unterschied zum Kurs am 02. 05. 2012 erkennt man auch durch den Medieneinsatz der Lehrenden.

Unterrichtsverlauf 1.

Zeit	Phase	Lerneraktivitäten, Lehreraktivitäten	Medien/ Materialien	Sozial-form
10 Min	Einführung und Vorent-lastung	Der Lehrende begrüßt und beginnt eine Fragerunde, bei der ein Teddybär demjenigen zugeworfen wird, der die Frage beantworten soll. Die erste Frage wurde von dem Lehrer gestellt: *Welches Gebäude in Berlin gefällt Ihnen am besten und Warum?* Dazwischen korrigiert die Lehrende die Aussprache und die auftauchenden Fehler, z.B. *das Gebäude, das aussieht wie eine Waschmachine, ist nicht der Bundestag sondern das Kanzleramt.* Die Lernenden führen dieses Spiel weiter, indem sie. die Frage beantworten und eine neue Frage an einen anderen Lernenden zu stellen, dem ein Teddybar zugeworfen wird.	Teddybär Tafel	Plenum
15 Min	Vorentlastung	Der Lehrende stellt eine neue Frage: *Welche Gebäude gibt es in Berlin?* und gibt nach den Antworten der Lernenden Hintergrundinformationen zu Gebäuden in Berlin. Z.B. *Warum heißt das Tor „Brandenburger" Tor? Was ist die Unterschied zwischen „das Mahnmal" und „das Denkmal" ?* Die Lernenden antworten, hören und machen Notizen.	Tafel	Plenum

10 Min	Vorentlastung und Einführung zu den Text	Der Lehrende zeigt einige Bilder berühmter Gebäude in Berlin und das Baujahr, das auf verschiedene Karte geschrieben wurde. Er lässt die Ln alle aufstehen und zusammen die Bilder und das Baujahr zuordnen. Die Lernenden versuchen zusammen durch Aktivierung der Vorkenntnisse und Diskussion die Bilder und die Baujahre zuzuordnen.	Bilder, Zeitkarten	Gruppearbeit
15 Min	Kognitivierungsphase	Der Lehrende sagt den Ln, dass die richtigen Antworten im Text stehen und lässt die Ln den Text durchlesen. Danach können sie die Zuordnung selber korrigieren. Während des Lesens erklärt die Lehrende die unbekannten Wörter auf Deutsch. Ein Ln fragt zum Beispiel: *Was ist Mergel?* Die Lehrende erklärt: *Das ist ein Baumaterial aus Ton, Sand und Wasser.* Die Lernenden lesen den Text, fragen nach den unbekannten Wörtern und korrigieren die Zuordnung,	Text, Bilder, Zeitkarten	Plenum, Gruppearbeit

20Min	Kognitivie-rungsphase	Nach dem ersten Einführungstext verteilt der Lehrende den zweiten vergleichsweise schwierigeren Fachtext. Die Lehrende teilt die Klasse in kleine Gruppenein. Jeder Gruppe werden von 4 bis 5 Ln zugeteilt. Die Gruppen bekommen unterschiedliche Texte, die Themen sind: *Neue Nationalgalerie, Humboldt-Universität und alte Bibliothek*, *Brandenburger Tor* usw. Die Lehrerende lässt die Ln selbst organisieren, wie sie den ganzen Text durchlesen und danach den Inhalt mit eigenen Worten wiedergeben. Die Lernenden verteilen die Aufgaben in der Gruppe und lesen zusammen, dann diskutieren sie über den Inhalt jedes Abschnitts und fragen einander nach den unbekannten Wörter im Text. . Die unbekannten Wörter wurden zum Teil von dem Lehrende erklärt.	Text	Plenum, Gruppe-arbeit, Einzehl-arbeit
20 Min	Präsentation	Jeder Gruppe präsentiert ihren Text mit eigenen Wörtern und der Lehrende hört zu.		Plenum

Unterrichtsverlauf 2.

Zeit	Phase	Lerneraktivitäten, Lehreraktivitäten	Medien/ Materialien	Sozial-form
10 Min	Einführung	Der Lehrende begrüßt und beginnt eine Fragerunde: *Was haben Sie am Wochenende gemacht?* Die Lernenden führen dieses Spiel weiter, indem sie die Frage beantworten und eine neue Frage an einen anderen Lernenden zu stellen	Teddybär	Plenum
15 Min	Vorentlass-tung	Der Lehrende stellt das Hauptthema auf: das *Baumaterial* und fragt die Lernenden, *welche Baumaterialien kennen Sie?* Die Lernenden antworten z.B. *Stahl, Beton, Lehm* usw. Sie hören die Erklärung und machen Notizen. Dazwischen fragt der Lehrende weiter über die Nachteile und Vorteile der genannten Materialien. Die Lernenden versuchen durch der Aktivierung der Vorkenntnise zu antworten z.B. *die Vorteil von Glas ist Transparenz*, Nachteil ist, *das Glas im Somme zu viel Wärmer aufnimmt.*	Tafel,	Plenum
10 Min	Vorentlasss-tung und Einführung	Dann fragt der Lehrende, was sind die Vor- und Nachteile von Beton und den Text zum Video *Porenbeton.* Sie interpretiert zuerst die wichtigen Verben aus der Produktion von Beton: *gießen, mahlen* durch *was kann man gießen, was kann man mahlen.*	Bilder, Zeitkarten	Gruppe-arbeit

Zeit	Phase	Lerneraktivitäten, Lehreraktivitäten	Medien/ Materialien	Sozial- form
	zu den Text	Die Lernenden versuchen zu antworten, hören und machen sich Notizen.		
15 Min	Kognitivie-rungsphase	Der Lehrende führt das Video *Porenbeton vor*. Er lässt die Ln das Video ansehen und diese versuchen, den Produktionsprozess zu notieren. Die Lernenden sehen das Video und machen sich Notizen.	Beamer	Plenum,
20Min	Kognitivie-rungsphase	Der Lehrende verteilt den schriftlichen Text des Videos ,lässt die Ln den Text noch einmal durchlesen und erklärt die unbekannten Wörter durch Zerlegung und die Paraphrasierung. Z,B. *der Treibvorgang* Er zerlegt das Wort zuerst in drei Teile Treib/vor/gang, *Vorgang ist ein Prozess, und der Beton treibt*. Er nimmt das Beispiel des Brot Backens, *nach dem Einwerfen von Hefe, treibt das Brot*. Nur bei machen fachlichen Normen wie z.B. Quarz lässt die Lehrende den Ln im Wörterbuch nachschlagen. Die Lernenden lesen den Text durch und fragen nach den unbekannten Wörtern. Manche Wörte wurden auch von den Ln selbst erklärt.	Text	Plenum, Gruppe-arbeit, Einzehl-arbeit
20 Min	Präsentation	Nachdem die Fragen der Lernenden beantwortet wurden, führte der Lehrende weiter die zugehörige Grammatikübung, bzw. Passivtransformation durch. Diese Übung wurde von den Lernenden freiwillig absolviert.	Anschlies-sende Übungblätte	Plenum

3.3.4 Diskussion / Auswertung der Unterrichtseinheiten in Bezug auf den festgestellten Sprachbedarf

Zuerst ist festzustellen, dass die fachlichen Kenntnisse der Lehrkraft schon vergleichsweise umfangreich sind. Er ist zwar keine Experte der Architektur und Planungswissenschaft, aber kann er schon solche Fragen: *Warum heißt das Tor „Brandenburger" Tor? (Unterrichtsverlauf 1) Was sind die Nachteile und Vorteile von den verschiedenen Baumaterialien? (Unterrichtsverlauf 2)* beantworten, aus meiner Ansicht hat er mindestens sehr gut vor dem Unterricht dafür vorbereitet oder verfügte er schon über umfangreiche Vorkenntnisse in diesen Bereiche. Die Erklärungen zum Fachwortschatz sind sehr professionell und auch das ergänzende Landeskundewissen sind sehr nützlich.

Nach meiner Beobachtung sind die eingesetzten Unterrichtsmaterialien sehr fachorientiert, viele genau zum Unterrichtsthema passende Videos und Texte können meiner Meinung nach nur in einer langen Zeit der Lehrtätigkeit und durch vielfaltige Lehrerfahrungen gesammelt werden. Ein Beleg dafür ist der Text im ersten Beispiel, der alle berühmten Gebäude in Berlin zusammengefasst hat und die anschließende Texte zur konkreten Vorstellung von *Neue Nationalgalerie, Humboldt-Universität und Alte Bibliothek* sowie *Brandenburger Tor*[35]. Dies sind zwar keine sehr fachlichen Texte, aber alle sind authentische Texte aus dem Internet und populärwissenschaftlichen Büchern. Als Einstieg in den Fachsprachkurs hat der Lehrende keine frustierende Texte benutzt, was ich für sehr vernünftig finde. Zur Vielfältigkeit der Unterrichtsmaterialien wählte der Lehrende bei der dritten Kursveranstaltung einen Videotext über *Porenbeton*, der schon in die fachliche Richtung geht. Das Video enthält zwar einige fachliche Wörter, aber wurde sehr gut vorentlastet, damit sich die TN während dem Hören nur auf den Inhalt konzentrieren können.

Darüber hinaus hat der Lehrende zahlreiche visuelle Materialien im Unterricht eingesetzt, was sehr hilfreich für die Architektur und Planungswissenschaft Studierenden ist.

[35] Aus dem Buch von Arnt Cobbers. *Architekturführer. Die 100 wichtigsten Berliner Bauwerke* in 2010

Da die TN im fachliche Studium immer mit Bilder und Modelle konfrontieren, sind die Unterrichtsmethode wie z.B. Bilder mit dem Baujahr zuzuordnen, Videos über den Herstellungsprozess von Porenbeton sehr situation- und praxisbezogen.

> „Die reichen Visualisierungsmöglichkeiten architektonisch orientierter Materialien sind daher für den Fremdsprachenunterricht besonders hervorzuheben. Die Veranschaulichung sorgt für die Vergegen ständlichung von abstraktem Wissen und abstrakten Vorstellungen. Somit ist sie ein zusätzliches Semantisierungsverfahren bei der Einführung des notwendigen Wortmaterials.“ (Nataľja. V. 2002, S.3)

Dem Lehrenden sind die Schwerigkeiten der TN in den fachlichen Vorlesungen sehr klar. Er lässt die TN während des Hörens Notizen machen (Unt.Beo.2), was schon ein Training zum Mitschreiben in der Vorlesung ist. Die Fachbegriffe wurden teilweise vom Lehrenden erklärt und teilweise auch von den TN selbst. Dadurch wurde nicht nur die Ausdrucksfähigkeit der TN trainiert, sondern auch die Fachkenntnisse der TN aktiviert.

Die einzige Punkt, den ich für verbesserbar halte, ist das geringe mündliche Training im Kurs. Entsprechend dem objektiven Sprachbedarf eines Architekten oder einer Architektin muss man in der Berufspraxis zahlreiche mündliche Kommunikationen zwischen den ArbeitskollegenInnen oder mit den Nicht-Architekten durchführen (s. Kap. 3.1.2.1. und 3.1.2.2.). Der Lehrende sollte mehr Möglichkeiten im fachsprachlichen Unterricht anbieten, und die TN miteinander sprechen lassen. Eine Simulationsübung für die zukünftige berufliche Tätigkeit wäre vielleicht eine gute Variante.

3.3.5 Die Schwierigkeiten des studienbegleitenden Fachsprachenunterrichts für Architektur an der TU Berlin

3.3.5.1 Die heterogen Zielgruppe mit heterogen Lernerwartungen

Fachsprachenausbildung im akademischen Bereich dient in erster Linie der Vorbereitung und Bewältigung von Fachstudiengängen. Dabei ist es nützlich, zwischen solchen Studierenden zu unterscheiden, die bereits ein Fachstudium in ihrem Heimatland abgeschlossen haben und dieses Studium im Ausland vertiefen oder mit dem Erwerb eines Universitätsgrades abschließen wollen, und jenen, die mit einem Fachstudium erst an einer fremdsprachigen Universität beginnen. Deswegen sind die Auswahl des Lehrmaterials und die Kursgestaltung in der Fachsprachenvermittlung auch differenziert (vgl. Fluck 1992, S. 154). Stärker den individuellen Bedarf zu berücksichtigen, und damit Sprachkurs insgesamt bedarfsgerechter zu organisieren ist zwar immer die Tendenz der Fachsprachenvermittlung (vgl. Fluck 1992, S. 160-161), aber einer homogene Zielgruppe mit gleichem Fach, gleichem Spezialisierungsgrad in der Fachkenntnis, gleichen Sprachkompetenzen sowie mit gleichen Lernerwartungen und Lernproblemen, ist in der Praxis sehr schwer zu finden. Das trifft besonders beim studienbegeleitenden Fachsprachenunterricht im Kontext der Hochschule zu. Hinzukommen viele unbedeckte Sprachbedürfnisse, die mehrmals von den Befragten in den Interviews meiner Untersuchung erwähnt wurden. Sie brauchen mehr Fachwörter, aktuelle Fachtexte, die speziell aus dem Architekturbereich stammen. Sie fühlen, dass der Lehrende zu viel Material aus anderen Fachrichtung einsetzt, das sie für unwichtig für Architektur halten (s. Kap.3.2.2.1).

Wie es scheint, muss man bei der Konzeption eines Sprachkurses noch viele organisatorische und finanzielle Probleme berücksichtigen.

> „In den letzten Jahren haben die Hochschulen massiv Sprachkurse für ausländische Studierende und Studienbewerber gestrichen. An manchen Hochschulen wurde das Sprachkursangebot auf Null heruntergefahren", kritisiert Roufaou Oumarou, Sprecher des BAS (Bundesverband ausländischer Studierender auf dem Integrationsgipfel 2006[36])

Für jedes Fachgebiet und jedes Sprachniveau einen speziellen Fachsprachenkurs anzubieten, würde hohe finanzielle Mittel erfordern. Unter den Budgetbedingungen der Hochschule betreibt die Zems der TU Berlin immer noch einen Fachsprachenkurs speziell für *Architektur und Planungswissenschaft*. Dessen Inhalt und Lernmaterialien sind schon sehr spezifisch.

---

36 Der Bundesverband ausländischer Studierender kritisiert aus Anlass des Integrationsgipfel die derzeitige Internationalisierungspolitik der Hochschulen und Bundesregierung und fordert mehr Sprachkurs- und Betreuungsangebote http://www.fzs.de/aktuelles/news/37469.html Zugriff am 09.06.2012 (Zugriff am 03.03.2012)

„Das Fachsprachenzentrum kann nicht für jeden Studiengang eine gesonderte Fachsprachenausbildung konzipieren und betreuen, doch in vielen Bereichen gibt es Überschneidungen, die in einer zentralen Universitätseintichtung in einem fakultätsübergreifenden Kursangebot gebündelt werden können." (Jung & Kolesnikova 2003, S. 203)

Der Lehrende des Sprachkurses Baumann gegennüber der großen Bedürfnisse nach Fachwortschatz der TN auch eigene Vorstellungen beschrieben.

Baumann: „Natürlich das Wortschatz ist wichtig, weil, wenn sie ohne Wortschatz können sie nicht verstehen, es ist klar, nur, e, die Frage ist was ist die Unterrichtsinhalts sein soll, und es ist für mich e, nicht denkbar, ein Unterricht zu machen als Thema Wortschatz. Das Problem über Fachwortschatz kann man in der Regel selbst lösen, es gibt sehr gute Fachwörterbücher [...] und es gibt noch möglichkeit mit Wortbildungsregel z.B. analytisch, en, wird verstehen zu können. [...] Also, meine Aufgabe ist, dass die Teilnehmer Technik entwickeln, wie sie selbst diese Problem lösen können [...] wie können sie den Text ohne Wörterbuch noch effizienter und mit sicherheit zu verstehen."[37]

Nicht alle Lernerwartungen der TN können in die Kursplanung einbezogen werden, da sie oft nicht reflektiert und manchmal utopisch sind (vgl. Buhlmann& Fearns 2000, S. 114) . Als der LeiterIn des Kurses kann man „nur jeweils mehr oder weniger pauschale Erfahrungswerte, die an vergleichbaren Lernergruppen gewonnen wurden, zugrundegelegt werden." (Buhlmann & Fearns 2000, S. 98) Trotzdem wird immer ein noch spezifischerer Fachsprachenkurs für Architektur im Hochschulkontext erwartet werden.

3.3.5.2 Der Fachsprachenlehrer ist kein Fachmann auf dem Gebiet, dessen Sprache er grade vermittelt

Es gibt Didaktiker, die Fachkompetenz für das Unterrichten von Fachsprachen für absolut unerläßlich halten (Mikus 1981, S. 23-29). Aber „auch der ausgebildete Sprachlehrer wird auf einem Gebiet tätig, das er nicht beherrscht und auf dem er unsicher ist." (Fluck 1992, S. 185) Wenn der Lehrer nicht mehr auf alle Fragen eine

[37] Wort für Wort Transkreption nach dem Interview mit Herrn Baumann.

Antwort weiß, dann kann dies negative Auswirkungen auf die Lehr- und Lernsituation hervorrufen (vgl. Fluck 1992, S. 186). In den Interviews wurde auch die Forderung nach Lehrkräften, die noch mehr fachlichen Hintergrund besitzen, erwähnt (s. Kap.3.2.2.). Dieses Problem ist immer in der Literatur behandelt worden, es herrscht jedoch bislang keine Einigkeit über die Lösung (z.B. Fluck 1992, Buhlmann & Fearns 2000).

Manchmal wird die Bedeutung der Fachkompetenz der Lehrenden als unverzichtbar eingeschätzt. Aber dabei werden selten die tatsächliche Kompetenz der Lerner und die Beschaffenheit des Lehrmaterials berücksichtigt. (vgl. Buhlmann & Fearns 2000, S. 115) Sie vertreten etwa die Ansicht, dass unter bestimmten Bedingungen ein Fachkompetenzträger, Lehrender oder Lernender, für den fachbezogenen Fremdsprachenunterricht schon ausreichend ist.

> „Die mangelnde Fachkompetenz des Lehrers wird nur dann problematisch, wenn er nicht fachkompetente Lerner mit nicht angemessenem Unterrichtsmaterial zur sprachlichen Handlungsfähigkeit im Fach führen soll. In jeden Fall kann der Lehrer einen Mangel an Fachkompetenz durch Befolgung bestimmter didaktischer und methodischer Prinzipien ausgleichen.“ (Buhlmann & Fearns 2000, S. 115)

Das heißt, wenn die Lehrer die Situation und die eigene Rolle im Fachsprachenunterricht richtig einschätzen und angemessene didaktische Konzepte im Unterricht einsetzen, müssen die Lehrer nicht unbedingt über fachliche Kompetenz auf dem Gebiet, dessen Sprache sie gerade vermitteln, verfügen

4 Vorschläge zum praktischen Fachsprachenunterricht

Die folgende Tabelle stellt auf der Basis meiner Untersuchung der Sprachbedürfnisse im Architekturstudium einige methodisch-didaktische Möglichkeiten dar. Diese richten sich nur an den studienbegleitenden Fachsprachenunterricht in der Hochschule, sind nicht unbedingt auf andere Sprachausbildungen anwendbar.

Kommunikative Kompetenzen / Teilkompetenzen	Mögliche Lerninhalte und Übungsformen zum Training der kommunikativen Kompetenzen
Hörverstehen-Kompetenz	
- Vorlesung und Seminar folgen, wichtige Inhalt mitschreiben, Nichtverstehen signaliseren	- die mit Hilfe authentischer Videoaufnahmen einer Vorlesung, eine Simulation einiger Handlungen wie zum Beispiel Hören, Mitschreiben, Frage stellen, gehörte Frage beantworten usw.
- Kommilitonen oder Kollegen bei der Diskussion im Campuskontext und in realen Arbeitssituationen aktiv zuhören, nützliche Informationen erschließen und das eigene Gedächtnis zu aktivieren	- Vorstellen, Erfahrungsaustausch, Diskutieren der aktuellen Bauprojekte, Bautrends oder die strittig Probleme im Architekturbereich
- Fähigkeit, unterschiedliche Sprachvarietäten zu verstehen, z.B. Dialekt, Umgansprache	- Gespräch mit Muttersprachler führen - authentische Hörmaterialien z.B. Interviews mit Fachleuten mit dialektaler Färbung
Sprechkompetenz:	
- Aktive Beherrschung des Architekturfachwortschatzes und den häufig vorkommenden Redemitteln für Vortrag	- Zuordnungsübungen Fachbegriffe für Bauelemente am Objekt/an Bildern - Zuordungsübungen von Synonymen
- Fähigkeit zur Realisierung häufiger Sprechakte im Campuskontext: z.B. Fragen stellen, beschreiben, erklären, Anweisung geben und feststellen	- Übungen zur Erklärung bzw. Beschreibung zur gegebenen Architektur, diskutieren über die Vor- und Nachteile der Bauweise oder benutzter Baustoffe usw.

- Fähigkeit, Gespräche zielgerichtet zu führen und andere zu überzeugen, z.B. eigene Ideen den Mitarbeitern oder Auftragsgebern zu vermitteln	- Simulation einer Präsentation für Laien (z.B. für Auftragsgeber) – Aufgabe: Erklärung des Aufbaus einer Architektur oder eigener Arbeitsergebnisse. Wie entspricht das den Anforderungen der Auftraggeber, was sind die vorhandenen Baubedingungen?
- Beherrschung von Moderations- und Präsentationstechnik und den häufig vorkommende Redemitteln, die im Campuskontext und in realen Arbeitssituation gebraucht werden.	- mit gegebenen Redemitteln ein Baumodell oder ein Bild beschreiben, referieren - mit eigenen Worten gelesene oder gehörte Texte wiedergeben
Lesekompetenz - Fähigkeit zur lesenden Informationserschließung	- möglichst authentische und aktuelle Zeitschriftentexte einsetzen - Zuordnung von Bild und Text - Einteilung eines ungegliederten Textes in Abschnitte

Fazit und Ausblick

In dieser Arbeit wurde der Versuch unternommen, sowohl die objektiven kommunikativen Anforderungen des Architekturstudiums und des zukunftigen Berufsfeldes der Architekturabsolventen zu umreißen, als auch die subjektiven Bedürfnisse der Architekturstudierenden an verbesserte Sprachfertigkeiten zu untersuchen. Außerdem wurden einige Vorschläge zur Unterrichtspraxis auf Basis der erhaltenen Ergebnisse und der aktuellen Lehrsituation des FSU gegeben. Zusammenfassend lässt sich sagen, dass der objektive Sprachbedarf der ausländischen Architekturstudierenden in hohem Maße interdisziplinär und fachübergreifend ist, während der Schwerpunkt der subjektiven Bedürfnisse auf fachlicher mündlicher Kommunikation liegt. Es stellt eine Herausforderung für Sprachlehrenden dar, dass man einerseites den Unterrichtsinhalt nicht nur auf ein Fachgebiet fokussiert, andererseits muss man immer beachten, dass das Konzept und die gewählten Materialien nicht zu allgemein sind und die fachliche Ausrichtung des Kurses verlieren. Man muss sie ständig hinterfragen und neu durchdenken, um den Bedarf der objektiven Seite und den subjektiven Bedürfnissen der Studierenden gerecht zu werden.

Leider würde eine intensivere Beschäftigung mit der Problematik, die möglichst alle während des Studiums und des Berufs vorkommenden kommunikativen Anforderungen erfasst und analysiert, den Rahmen der Arbeit sprengen. Aus der Untersuchung erkennt man, dass es sowohl große Mängel an den passenden Sprachlehrmaterialien, als auch dringende Bedürfnisse nach besserer Unterstützung für die Zielgruppe gibt. Man sucht aber erfolglos in der einschlägigen Literatur nach einer konkreten Analyse der Methode und Didaktik universitärer Veranstaltungen und zu den Lernschwierigkeiten ausländischer Studierender in der Disziplin Architektur. Der Grund dafür ist vor allem die Besonderheit der Fachsprache der Architektur und die interdisziplinäre Kommunikationsanforderung in diesem Fachgebiet. Allerdings gibt es auch zu wenige Analysen zu Unterrichtsbeobachtungen, Interviews mit Lernenden und Befragungen von Lehrenden im Rahmen des fachbezogenen Sprachunterrichts zur Architektur.

Die vorliegende Arbeit versteht sich als ein Beitrag auf dem Weg fachsprachliche Vorbereitung und Begleitung der ausländischen Architekturstudierenden noch effektiver zu gestalten und die Fachsprache der Architektur zum Gegenstand künftiger Studien und Forschungsprojekt zu machen.

Literaturverzeichnis

Baumann, Klaus-Dieter (2000): Die Entwicklung eines integrativen Fachsprachen-unterrichts- eine aktuelle Herausforderung der Angewandten Linguistik. In: *Sprachen im Beruf. Stand - Probleme - Perspektiven.* Baumann, Klaus-Dieter (Hg.) 2000. Tübingen: Narr (Forum für Fachsprachen-Forschung, 38).

Beier, R/ Möhn, D (1981): Vorüberlegungen zu einem „Hamburger Gutachten“ In: *Fachsprache* 3/4, 112-150

Bielecka, Magdalena Maria (2009): Stilelemente der romanischen Architektur. Terminologiearbeit Deutsch-Polnisch. Wien, Univ. Dipl.-Arb. 2009. http://othes.univie.ac.at/5355/. (06.06.2012)

Buhlmann, Rosemarie (2000): *Handbuch des Fachsprachenunterrichts. Unter besonderer Berücksichtigung naturwissenschaftlich-technischer Fachsprachen.* 1. - 5. Aufl. im Verl. Langenscheidt. 6. Aufl. Tübingen: Narr.

Dechau, Wilfried (1997): Architektur schwarzweiss. Europäischer Architektur-fotografie- Preis 1997, db Architekturbild. Stuttgart: Deutsche Verlags-Anstalt.

Dreyer, Claus (1997): Über das Interpretieren von Architektur. In: Wolken-kuckucksheim *Internationale Zeitschrift zur Theorie der Architektur* [Online] Heft 2 des Jahres 1997 http://www.tu-cottbus.de/theoriederarchitektur/Wolke/deu/Themen/972/Dreyer/dreyer_t.html (15.07.2012)

Dehnbostel, Peter; Neß, Harry; Overwien, Bernd (2009): *Der Deutsche Qualifikationsrahmen. (DQR) ; Positionen, Reflexionen und Optionen* ; Gutachten im Auftrag der Max-Traeger-Stiftung. Frankfurt, M: GEW Hauptvorstand

Glesne, Corrine; Peshkin, Alan (1992): *Becoming qualitative researchers. An introduction.* White Plains NY u.a: Longman.

Göpferich, Susanne (1995): *Textsorten in Naturwissenschaften und Technik.* Tübingen: Narr

Grein, Marion; Nebe-Rikabi, Ursula; Bauer, Ulrich E.; Götze, Lutz (1997): *Umgang mit Texten, Unterrichtsbeobachtung und -auswertung, Grammatikmodelle und ihre Umsetzung in Lehrwerken.* Hg. v. Gerhard Bickes, Bernard Dufeu und Eva-Maria Willkop. Mainz: Univ.

Grünhage-Monetti, Matilde (Hg.) (2000): *Odysseus - Zweitsprache am Arbeitsplatz. Sprachbedarfe und -bedürfnisse von Arbeitsmigrant/innen ; Konzepte des Sprachelernens im berufsbezogenen Kontext* ; Projekt 1.2.5 ; Graz, Österreich, 27. Juni - 1. Juli 2000. Graz: European Centre for Modern Languages .

Fluck, Hans-Rüdiger (1992): *Didaktik der Fachsprachen. Aufgaben und Arbeitsfelder, Konzepte und Perspektiven im Sprachbereich Deutsch.* Tübingen: Narr (Forum für Fachsprachen-Forschung, 16).

Funk, Hermann (2010): *Berufsorientierter Deutschunterricht.* In: Krumm, Hans-Jürgen; Fandrych, Christian; Hufeisen, Britta; Riemer, Claudia (Hrsg.): Deutsch als Fremd- und Zweitsprache. Ein internationales Hanbuch. Band 2. Gruyter/Mouton: Handbücher zur Sprach- und Kommunikationswissenschaft. Berlin, New York, S. 1145-1151.

Haider, Barbara (2010): Deutsch in der Gesundheits- und Krankenpflege. Eine kritische Sprachbedarfserhebung vor dem Hintergrund der Nostrifikation. 1. Aufl. Wien: Facultas.wuv.

Haider, Barbara (2009): *„Später dann, wo ich Stärke und Sprache [hatte], dann hab ich nachg'fragt...“* in: Kaleidoskop der jungen DaF-/DaZ-Forschung. Dokumentation zur zweiten Nachwuchstagung des Fachverbandes Deutsch als Fremdsprache. Peuschel, Kristina (Hg.) (2009): Göttingen: Univ.-Verl. Göttingen

Hutchinson, Tom; Waters, Alan (1987): *English for specific purposes. A learning-centred approach.* Cambridge [Cambridgeshire]: Cambridge University Press.

Isserstedt, Wolfgang & Kandulla, Maren (2010): *Internationalisierung des Studiums– Ausländische Studierende in Deutschland– Deutsche Studierende im Ausland. Ergebnisse der 19. Sozialerhebung des Deutschen Studentenwerks, durchgeführt durch HIS Hochschul-Informations-System.* http://www.studentenwerke.de/pdf/Internationalisierungbericht.pdf (07.03. 2012)

Jordan, R. R. (1997): *English for academic purposes. A guide and resource book for teachers.* 8. Aufl. Cambridge [u.a.]: Cambridge Univ. Press.

Jung, Udo O. H.; Kolesnikova, Angelina (2003): *Fachsprachen und Hochschule. Forschung - Didaktik - Methodik.* Frankfurt am Main: Lang

Kiefer, Karl-Hubert; Schlak, Torsten; Iwanow, Katarzyna : Deutsch-Bedarf? Ein Kilometer Luftlinie von hier. Sprachbezogene Berufsfeld- und Organisationsanalyse am Beispiel eines IT-Help-Desks (unveröffentlicher Text, Berlin 2012)

Kupsch-Losereit, Sigrid (2003): Die kulturelle Kompetenz des Translators. http://www.fask.uni-mainz.de/user/kupsch/kompetenzkulturell.html (12.07.2012)

Langensiepen, Lena (2005): *Ausgewählte Termini der Freud'schen Theorie und Praxis und ihre aktuelle Rezeption - Eine semantisch-kritische Untersuchung* Verlag GRIN

Mikus, R. (1981): Zur Bedeutung der Fachkompetenz für den Fachsprachenerwerb. In: Buck, K./Fichtner, E.G/ Heimers, K.M. (Hg.): *Teaching Business an Technical German. Problems and Prospects.*New York, 23-29

Monteiro, Maria; Rieger, Simone; Skiba, Romuald; Steinmüller, Ulrich (1997): *Deutsch als Fremdsprache: Fachsprache im Ingenieurstudium.* Frankfurt/M: IKO - Verl. für Interkulturelle Kommunikation

Motz, Markus (2005): *Ausländische Studierende in internationalen Studiengängen. Motivation, Sprachverwendung und sprachliche Bedürfnisse.* Zugl.: Hamburg, Univ., Diss., 2004. Bochum: AKS-Verl (Fremdsprachen in Lehre und Forschung, 36).

Multhaup, Uwe (2002): Deklaratives und prozedurales Wissen explizites und implizties Wissen. Aus der Webseite der Universität Wuppertal: http://www2.uni-wuppertal.de/FB4/anglistik/multhaup/brain_language_learning/html/brain_memory_stores/6_declarative_procedural_txt.html (21.07.2012)

Natal'ja V. Ljubimova (2002): Die Welt erkennen mit Architektur In: *Germanistisches Jahrbuch der GUS „Das Wort" 2002, S. 291-302 http://www.daad.ru/wort/wort2002/Ljubimova.Druck.pdf* (09.08.2012)

Nadežda G. Kuznecova & Martin Löschmann(2008)*: Deutsch für Architekten: Arbeit am Fachwortschatz* in: *Das Wort. Germanistisches Jahrbuch Russland 2008*, 47-59

Rambow, Riklef (2000): *Experten-Laien-Kommunikation in der Architektur*. Münster: Waxmann.

Rambow, Riklef (2004): *Entwerfen und Kommunikation* In der Zeitschrift *Ausdruck und Gebrauch. Dresdner wissenschaftliche Halbjahreshefte für Architektur, Wohnen, Umwelt* (Heft4, 2004). Aachen: Shaker.

Schilden, Susanne (1995): *Studienstrukturreform in den Diplomstudiengängen Architektur und Mathematik. Entschliessung des 176. Plenums der Hochschulrektorenkonferenz, Bonn, 3. Juli 1995.* Bonn: HRK

Schneider, Agnieszka (2009): *Zur Standardisierung der DSH-Prüfungen. Bestandsaufnahme und Perspektiven des Online-Angebotes.* Hamburg: Disserta-Verl.

Sorge, Wolfgang (2010): Künftlige Anforderungen an Kompetenz und die Rolle der Ausbildung. In: *Die Vision einer lernenden Branche im Leitbild Bauwirtschaft. Kompetenzentwicklung für das Berufsfeld Planen und Bauen.* Syben, Gerd (Hg.) (2010), Berlin: edition sigma

Steinmüller Ulrich (1991): Deutsch als Fremdsprache: didaktische Überlegungen zum Fachsprachenunterricht. In: *Fremdsprachen und ihre Vermittlung. Workshop an der Technischen Universität Berlin gemeinsam mit der Humboldt-Universität zu Berlin.* Berlin, 21. – Juni 1990. S. 18 – 32. Berlin 1991 (= TUB-Dokumentation Heft 57).

Szablewski-Cavus, Petra (2000): Verstehen und Verständigung in Deutsch. Grundzüge einer berufsbereichsübergreifenden Didaktik. In: Bildungsarbeit in der Zweitesprache Deutsch 2/ 2000, S. 16-30

Tellmann, Udo; Müller-Trapet,Jutta; Jung, Matthias (2012): *Berufs- und fachbezogenes Deutsch Grundlagen und Materialerstellung nach dem Konzept von IDIAL 4P-Handreichungen für Didaktiker.* Universitätsverlag Göttingen

Wehrle, Klaus (2010): Integrierte Planung: Neue Konzepte oder Gefahr für die Selbständigkeit des Architektenberufs? Das Beispiel des Bauteams. In: *Die Vision einer lernenden Branche im Leitbild Bauwirtschaft. Kompetenzentwicklung für das Berufsfeld Planen und Bauen.* Syben, Gerd (Hg.) (2010), Berlin: edition sigma

Zhao, Jin (2002): *Wirtschaftsdeutsch als Fremdsprache. Ein didaktisches Modell - dargestellt am Beispiel der chinesischen Germanistik-Studiengänge.* Tübingen: Narr (Forum für Fachsprachen-Forschung, 59).